Niko 3

Sachbuch

Erarbeitet von
Julia Birchinger (Baden-Württemberg)
Hermann Krekeler (Niedersachsen)
Anne Rommel (Baden-Württemberg)
Bettina Steven (Niedersachsen)
Anna Urakov (Thüringen)

Ernst Klett Verlag
Stuttgart · Leipzig

Inhalt

Gesellschaft 5–26

Zusammen leben 5
Konflikte fair lösen	6
Die Klassensprecherwahl	8
Der Klassenrat	9
Kinder aus aller Welt	10
Sprachen vergleichen	12
Kinder haben Rechte	13
Viele Berufe unter einem Dach	14
Verschiedene Berufe – unterschiedliche Arbeit	15
Menschen helfen Menschen	16
Verkehrte Welt	17
Arbeit teilen	18
Einzelproduktion und Massenproduktion	19
So kannst du weiterarbeiten	20

Medien 21
Medien früher	22
Medien heute	23
Im Internet etwas suchen	24
So kannst du weiterarbeiten	26

Natur 27–52

Pflanzen und Tiere 27
Tiere und Pflanzen im und am Gewässer	28
Ein Gewässer erkunden	30
Die Wasserlinse	31
Die Stockente	32
Der Frosch	34
„Quak" sagt der Frosch	36
Nutzpflanzen	37
Die Kartoffel	38
So kannst du weiterarbeiten	40

Körper und Gesundheit 41
Skelett	42
Gelenke	43
Muskeln	44
Atmung	45
Herz und Blutkreislauf	46
Gesunde Ernährung	47
Weg der Nahrung	48
Was in Lebensmitteln alles steckt	49
Gesund bleiben	50
Signalwörter-Geschichte	51
So kannst du weiterarbeiten	52

Naturphänomene 53–70

Wasser und Wetter 53

Plötzlich ist das Wasser weg	54
Wasser ist kostbar	55
Wasser verändert sich	56
Wasserkreislauf	58
Gutes Wetter – schlechtes Wetter?	59
Wolken	60
Wind	61
Wetter beobachten	62
Wettervorhersage	63
Wie kommt das Trinkwasser in den Wasserhahn?	64
Was passiert mit dem schmutzigen Wasser?	66
Experimente zum Wasser	68
Zusammengesetzte Wörter mit Wasser	69
So kannst du weiterarbeiten	70

Technik 71–86

Erfindungen und Erfinder 71

Erfinder	72
Erfinderwerkstatt	73
Kleidungsverschlüsse	74
Wer hat die Jeans erfunden?	75
Die Erfindung des Papiers	76
Papier begegnet uns überall	77
So kannst du weiterarbeiten	78

Bauen und konstruieren 79

Brücken aus aller Welt	80
Was macht eine Brücke stabil?	82
Dreiecke sind stabil	83
Der vielseitige Bogen	84
Hängende Brücken	85
So kannst du weiterarbeiten	86

Zeit und Wandel 87 – 102

Meine Zeit 87

Meine Freizeit	88
Viele Hobbys	89
Mein Plan für die Woche	90
Der Lebensfluss	91
So kannst du weiterarbeiten	92

Vergangenheit, Gegenwart und Zukunft 93

Leben in der Steinzeit	94
Der Steinzeitmensch	96
Fantasiesprache zur Steinzeit	97
Spuren der Vergangenheit	98
Schule früher	100
Zukunft	101
So kannst du weiterarbeiten	102

Mobilität und Raum 103 – 118

Unterwegs im Verkehr 103

Sicher mit dem Fahrrad unterwegs	104
Verkehrszeichen	105
Rechts vor links	106
Vorfahrtsregeln durch Verkehrszeichen	107
So kannst du weiterarbeiten	108

Wir orientieren uns 109

Vom Luftbild zur Karte	110
Maßstab	112
Himmelsrichtungen	113
Ich finde den Weg	114
Geocaching	115
Wir erkunden unseren Heimatort	116
Ein Ort verändert sich	117
So kannst du weiterarbeiten	118

Lernen lernen 119 – 127

Ausstellung	119	Tabelle	122
Steckbrief	119	Plakat	123
Experiment	120	Mindmap	124
Rollenspiel	121	Diskussion	125
Interview	121	Vortrag	126
Recherche	122	Feedback	127

Bildquellenverzeichnis 128

Zusammen leben

Konflikte fair lösen

1. Beschreibe die Situationen auf dem Bild. Wo könnten Konflikte entstehen?
2. Wie könnten die Konflikte vermieden werden?
3. Wie kann man jemandem einen Tipp geben, ohne ihn zu verletzen?

Konflikt → AH S. 4, 65

Was bedeutet …?

Kompromiss

Ein Kompromiss ist die Lösung eines Konfliktes. Dabei muss jede Seite etwas nachgeben und mit der Lösung einverstanden sein.

1. Vor der Bühne streiten sich zwei Kinder um ein Kostüm. Hilf ihnen, einen Kompromiss zu finden.
2. Spielt die Szenen in einem Rollenspiel nach. Findet faire Lösungen.
3. Was wäre, wenn jeder nur seine eigenen Interessen durchsetzen würde, ohne dabei auf andere zu achten?

→ AH S. 4, 65

Die Klassensprecherwahl

1 Bei einer Klassensprecherwahl dürfen alle Kinder deiner Klasse wählen. Du entscheidest, wen du wählen möchtest. Du musst auch keinem sagen, wen du wählst. Jede Stimme zählt gleich viel. Gewonnen hat derjenige, der die meisten Stimmen hat. Eine solche Wahl ist demokratisch.

Diese Wahlgrundsätze nennt man frei, allgemein, geheim und gleich. Im Text findest du die Grundsätze umschrieben. Kannst du sie zuordnen?

① Beschreibe den Ablauf einer Klassensprecherwahl.
② Was ist bei einer Wahl wichtig?
③ Welche Aufgaben hat ein Klassensprecher?

Demokratie, Wahl → AH S. 5

Der Klassenrat

Im Klassenrat könnt ihr euch austauschen. Ihr könnt eure Meinungen, Ideen und Probleme besprechen und euch darüber freuen, wenn etwas gut geklappt hat. Auch Themen, die den Unterricht oder den Schulalltag betreffen, können im Klassenrat besprochen werden. Diese Themen sammelt ihr am besten in einem Klassenbriefkasten. Der Klassensprecher leitet mithilfe der Lehrerin den Klassenrat.

Der Klassenrat ist eröffnet. Wir beginnen mit Milas Problem.

Bei Frau Meier im Musikunterricht ist es immer so laut. Das macht keinen Spaß mehr.

1. Wie läuft ein Klassenrat ab?
2. Baut einen Briefkasten für den Klassenrat und sammelt Themen.
3. Diskutiert, welche Themen besprochen werden sollen. Führt anschließend einen Klassenrat durch.

Kinder aus aller Welt

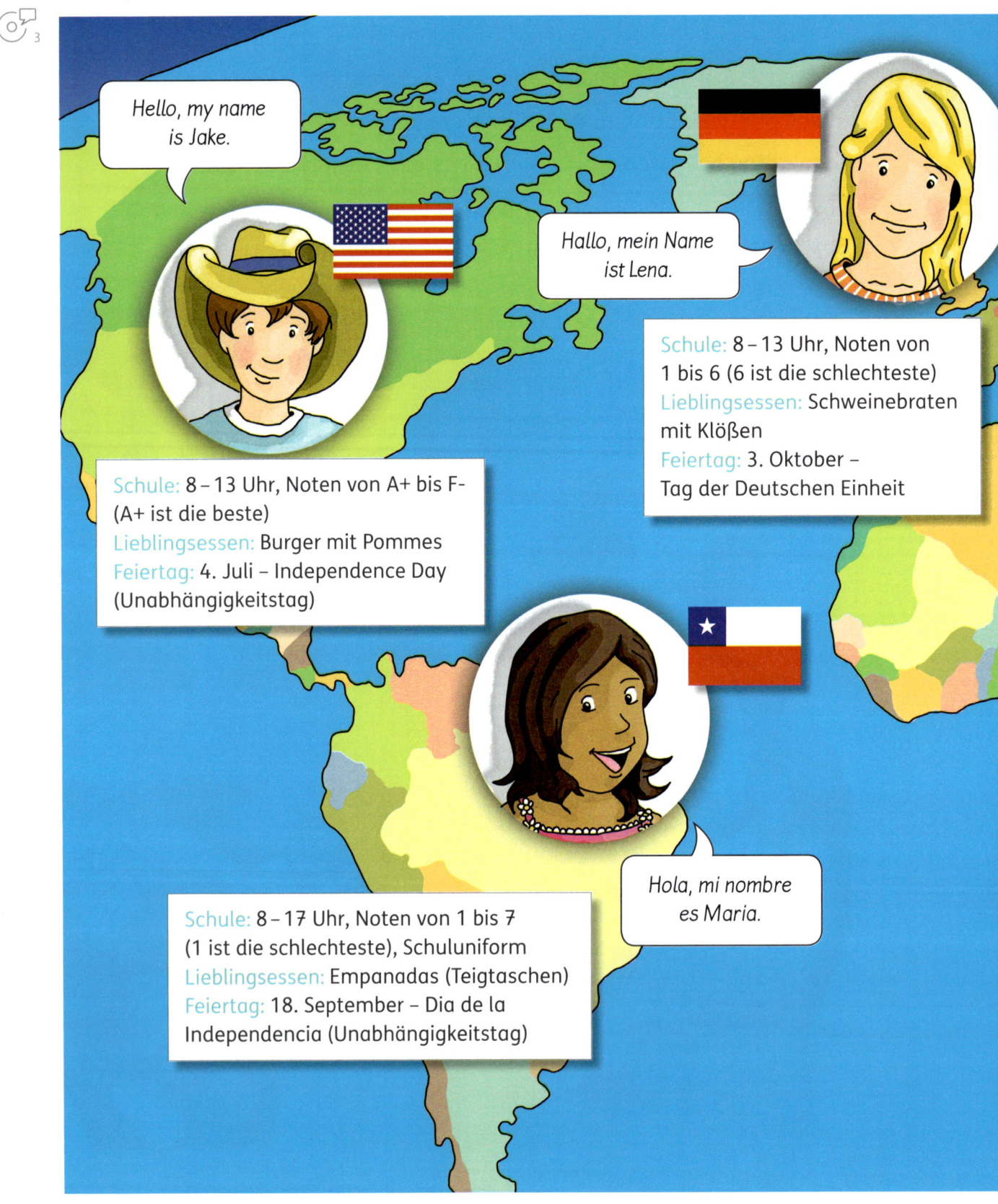

1. Aus welchen Ländern kommen die Kinder? Die Flaggen helfen dir.
2. Welche Gemeinsamkeiten entdeckst du?

Schule: 8–14 Uhr, Noten von 1 bis 5
(5 ist die beste Note und 1 die schlechteste)
Lieblingsessen: Pelmeni (Teigtaschen)
Feiertag: 12. Juni – Djen Rossii (Tag Russlands)

Здравствуйте, меня зовут Полина.

私の名前は了浩です。

Schule: 8–16 Uhr, Noten A bis C (A ist am besten), strengste Schule der Welt;
Klassenräume, Turnhalle und Hof müssen täglich von den Kindern gereinigt werden
Lieblingsessen: Sushi
Feiertag: 11. August – Yama no hi (Tag des Berges)

Hello, my naam is Tayo.

Schule: 8–14.30 Uhr, Noten von A bis E (A sehr gut und E schlecht), Schuluniform ist Pflicht – Jungen müssen ihre Haare kurz tragen, Mädchen müssen sie zusammenbinden.
Lieblingsessen: Chicken Potjiekos (Eintopf mit Hühnchen)
Feiertag: 27. April – Freedom Day (Tag der Freiheit)

1 Was ist an den Feiertagen besonders? Recherchiere. *(Seite 122)*

2 Stelle ein weiteres Kind aus einem anderen Land vor. Erstelle dazu einen Steckbrief. *(Seite 119)*

→ AH S. 6, 66

Sprachen vergleichen

	Deutsch 🇩🇪	Englisch 🇬🇧	Türkisch 🇹🇷	Dänisch 🇩🇰	Spanisch 🇪🇸	Niederländisch 🇳🇱
	Dusche	shower	duş	brusebad	ducha	douche
	Kartoffel	potatoe	patates	kartoffel	patata	aardappel
	Bus	bus	otobüs	bus	autobús	bus
	Wasser	water	su	vand	agua	water
	Frosch	frog	kurbağa	frø	rana	kikker
	Polizei	police	polis	politi	policía	politie

1. Kannst du die Wörter in allen Sprachen lesen?
2. Welche Wörter ähneln sich? Welche Wörter sind unterschiedlich?
3. Kannst du diese Wörter noch in andere Sprachen übersetzen? Wie heißen die Wörter in diesen Sprachen?

Kinder haben Rechte

Es gibt ein Abkommen, das viele Länder miteinander vereinbart haben. Sie verpflichten sich darin, auf die Rechte der Kinder in ihrem Land zu achten. Man nennt dieses Abkommen: **Kinderrechtskonvention**.

UNICEF (United Nations International Children's Emergency Fund) ist das Kinderhilfswerk der Vereinten Nationen. Dieses Hilfswerk hilft Kindern in Not, setzt sich für ihre Rechte ein und kümmert sich um ihr Wohlergehen. Und dabei ist es egal, welche Hautfarbe, welche Religion oder Herkunft die Kinder in Not haben.

Ich habe nicht nur Rechte, sondern auch Pflichten.

1. Welche Rechte hast du? Erkläre.
2. Informiere dich genauer über ein Kinderrecht und erstelle ein Plakat dazu.

AH S. 7 — Menschenrechte

Viele Berufe unter einem Dach

In den meisten Arbeitsstätten arbeiten Menschen mit unterschiedlichen Berufen, zum Beispiel in einem Krankenhaus.

Krankenhaus

1. Was tun die Menschen auf den Bildern? Wie heißen ihre Berufe?
2. Welche weiteren Arbeitsstätten, zum Beispiel Einkaufszentrum oder Rathaus, kennst du und wie heißen die Berufe dort?
3. Welche Arbeitsstätte gibt es in deinem Ort? Halte einen Vortrag.
4. Warum arbeiten Menschen?

Beruf → AH S. 8, 67

Verschiedene Berufe – unterschiedliche Arbeit

In ihren Berufen führen Menschen ganz unterschiedliche Arbeiten aus. In einigen Berufen wird etwas produziert, in einigen Handel betrieben und in wieder anderen werden Dienste geleistet.

*Mein Name ist Maria Meier. Ich verkaufe Sportbekleidung. Ich berate Menschen, kümmere mich darum, dass die Regale voll sind und kassiere auch ab. Ich arbeite im **Handel**.*

*Mein Name ist Hans Eder. Ich arbeite bei der Müllabfuhr. Meine Arbeit ist sehr wichtig, sonst würde der Müll nicht entsorgt werden. Ich bin ein **Dienstleister**.*

*Mein Name ist Julia Seifert. Ich bin Tischlerin. Mit meinen Händen stelle ich zum Beispiel Möbel her. Ich produziere etwas in einem **Handwerksbetrieb**.*

1. Wie unterscheiden sich diese drei Berufe? Denke dabei an: Arbeitsstätte, Material und Werkzeuge, Ergebnis der Arbeit und Kraftaufwand.
2. Welche Berufe haben deine Eltern? Male sie bei der Arbeit.
3. Was bedeutet „Arbeitslosigkeit"?

Menschen helfen Menschen

Krankenhaus, Polizei, Seniorenheim, Rettungsdienst und Feuerwehr: Hier sind Menschen im Einsatz, die anderen helfen und manchmal sogar Leben retten. Einige Menschen machen das beruflich und andere ehrenamtlich.
Jemand, der ehrenamtlich arbeitet, tut dies, ohne dafür bezahlt zu werden.

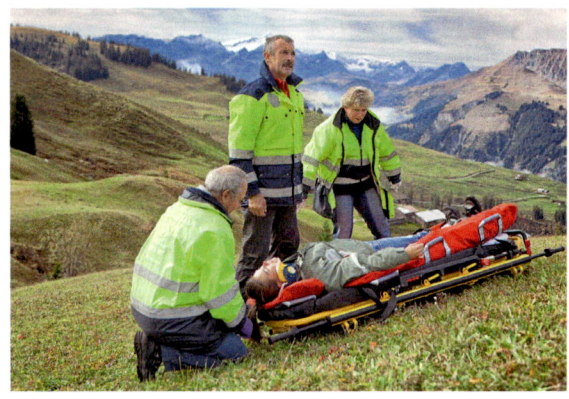

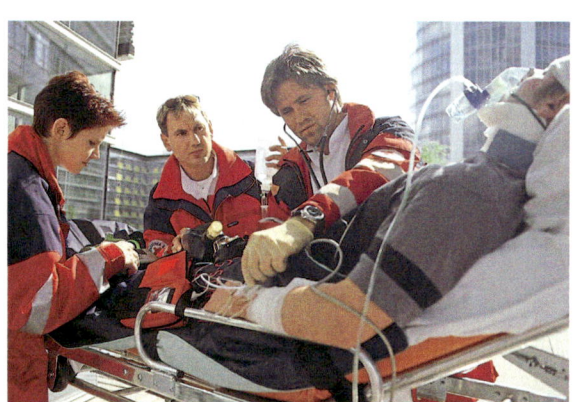
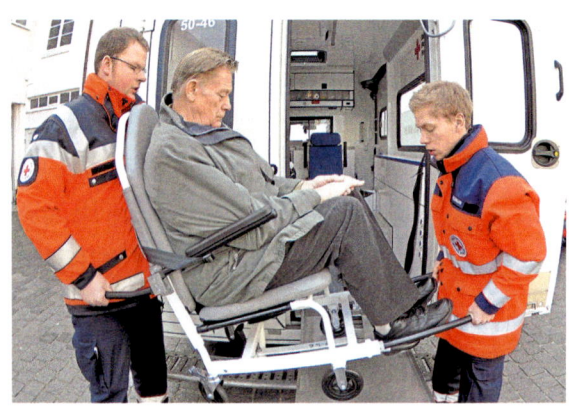

1. Wie heißen diese Berufe und wie helfen sie den Menschen?
2. Welche Tätigkeiten können auch ehrenamtlich sein und welche nicht?
3. Kennst du weitere Tätigkeiten, die ehrenamtlich sind?
4. Erkundige dich in deiner Umgebung, wo ehrenamtlich gearbeitet wird.

Verkehrte Welt

Junge: „Guten Tag, ich hätte gerne einen frischen Pullover!"

Verkäufer: „Sehr gerne. Ich habe die Pullover gerade aus dem Ofen geholt. Sie sind noch warm."

Junge: „Das ist toll! Was kostet ein Pullover?"

Verkäufer: „Er kostet 80 Cent."

Junge: „Danke. Auf Wiedersehen."

Patient: „Liebe Frau Doktor, mein Buch tut weh!"

Ärztin: „Was haben Sie denn als Letztes gegessen?"

Patient: „Eine Zwiebelsuppe und ein Stück Sahnetorte."

Ärztin: „Das ist nicht schlimm. Legen Sie sich ins Bett und trinken Sie einen Kamillentee. Morgen geht es Ihrem Buch wieder besser."

Patient: „Vielen Dank."

1. Lest die Gespräche mit verteilten Rollen.
2. Was ist hier falsch? Findet gemeinsam die Fehler.
3. Korrigiert die Gespräche. Lest sie noch einmal vor.
4. Erfindet in Partnerarbeit eigene Quatschgespräche und stellt sie im Rollenspiel vor.

Guten Tag, Frau …   Hallo, …   Guten Abend, Herr …

Ich habe ein Problem / eine Frage / …   Ich suche …

Ich hätte gerne …   Mein … tut weh / ist weg / …

Vielen Dank.   Tschüss.   Auf Wiedersehen.   Bis bald.

Arbeit teilen

Die Kinder der Niko-Klasse planen ein Sommerfest für die Schule. Dafür benötigen sie viele Einladungskarten.

1. Beschreibe die beiden Bilder. Welche Einladungen entstehen deiner Meinung nach schneller? Begründe.
2. Warum kann man Bild 2 mit Fließbandarbeit vergleichen?
3. Was könntet ihr in der Klasse arbeitsteilig herstellen? Teilt die Arbeitsschritte unter euch auf.

Einzelproduktion und Massenproduktion

Unter Produktion versteht man das Herstellen von Waren. Man unterscheidet zwischen Massenproduktion und Einzelproduktion. Wie der Name schon verrät, wird bei der Massenproduktion eine große Anzahl von Ware hergestellt. Bei der Einzelproduktion wird weit weniger hergestellt. Dies geschieht meist in Handarbeit.

1. Was ist der Unterschied zwischen Einzelproduktion und Massenproduktion?
2. Auf welchen Bildern findest du Massenproduktion und auf welchen Einzelproduktion?
3. Welche Vorteile und welche Nachteile haben Einzelproduktion und Massenproduktion?

So kannst du weiterarbeiten

Akrostichon

Findet Wörter, die zum Thema passen, und erstellt ein Akrostichon.

R echte
E
G
E
L
N

Klassenratsbuch

Erstellt ein Klassenratsbuch. Darin könnt ihr Themen sammeln und auch Beschlüsse notieren.

Money Money

Wie zahlen Menschen in anderen Ländern? Bringe Geld aus anderen Ländern mit und schaue dir das Geld genau an. Wie viel ist es in Euro wert?

In der Brotbäckerei

Rezept für Brot:
500 g Mehl, 350 ml Wasser, 2 EL Öl,
1 EL Zucker, 1 Päckchen Hefe, 1 TL Salz,

Alle Zutaten miteinander verkneten und abgedeckt auf die doppelte Größe gehen lassen. Danach nochmals gründlich kneten und in eine gefettete Kastenform geben. Wieder ca. 20 Minuten gehen lassen. Die Oberseite mit Wasser bestreichen. Dann ca. 40–50 Minuten bei 220° C im vorgeheizten Ofen backen.

Denke weiter

Frau Schmidt nimmt mich nicht ernst. Was kann ich tun?

Wir brauchen einen neuen Bolzplatz. Wer kann uns helfen?

Was wäre, wenn keiner mehr arbeiten würde?

Medien

Medien früher

Alle Mittel, mit denen Informationen verbreitet oder Nachrichten ausgetauscht werden, sind Medien. Als es früher noch kein Telefon, Fernsehen und Internet gab, wurden Nachrichten anders übermittelt.

Steinzeit
Um vor Raubtieren zu warnen, haben sich die Bewohner nahe gelegener Dörfer mit Trommeln verständigt. Auch mit Rauchzeichen konnte vor Gefahr gewarnt werden.

Mittelalter
Da nur wenige Menschen lesen konnten, haben fahrende Händler Neuigkeiten mündlich verbreitet.

17. Jahrhundert
Es wurden häufig Briefe geschrieben. Mit Postkutschen wurden sie an Poststationen transportiert.

19. Jahrhundert
Dringende Nachrichten wurden in Signale übersetzt. Sie wurden über Fernleitungen zu einem Telegrafenamt in der Nähe des Empfängers gesendet und ausgedruckt. Ein Bote überbrachte das Telegramm schnell.

1. Wie haben die Menschen sich früher Nachrichten übermittelt? Beschreibe.
2. Welche Probleme konnten früher bei der Übermittlung von Nachrichten auftreten?

Medien heute

13 Heute gibt es viele Medien, mit denen Informationen empfangen und gesendet werden können. Medien nutzen wir auch zur Unterhaltung.

1. Welche Medien nutzen die Personen auf dem Bild und wozu?
2. Welche Medien nutzt du, um dich zu informieren?
   Welche nutzt du zur Unterhaltung? Lege eine Tabelle an.

→ AH S. 12 Medien, Werbung

Im Internet etwas suchen

Das World Wide Web (www) besteht aus einer riesengroßen Anzahl von Webseiten mit Informationen. Um die richtige Antwort auf eine Frage zu finden, müssen diese Informationen durchsucht und sortiert werden. Dafür gibt es Suchmaschinen. Für Kinder gibt es extra Kindersuchmaschinen.

So kannst du im Internet suchen:

1. Lass dir von einem Erwachsenen einen Internet-Browser öffnen und das Suchfeld zeigen.

2. Gib die Adresse einer Kindersuchmaschine in das Suchfeld ein, zum Beispiel *fragfinn.de* oder *blinde-kuh.de*.

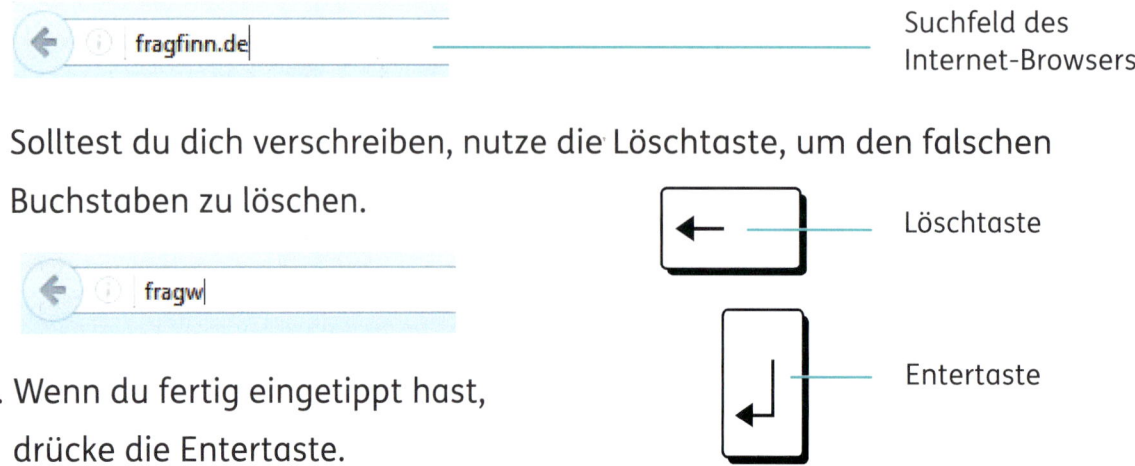

Solltest du dich verschreiben, nutze die Löschtaste, um den falschen Buchstaben zu löschen.

3. Wenn du fertig eingetippt hast, drücke die Entertaste.

4. Klicke mit der linken Maustaste auf das Suchfeld.

Suchfeld von fragfinn.de

linke Maustaste

5. Gib ein, wonach du suchen möchtest, zum Beispiel „Medien".

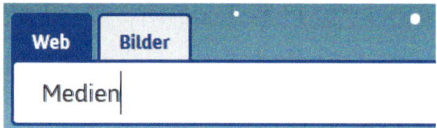

Merke!
- Verrate im Internet niemals persönliche Dinge von dir, zum Beispiel Name, Adresse oder Telefonnummer.
- Wenn dir etwas komisch vorkommt, sprich mit einem Erwachsenen.
- Schreibe nicht an Unbekannte.

6. Klicke nun mit der linken Maustaste auf den Suchbutton oder benutze die Enter-Taste.

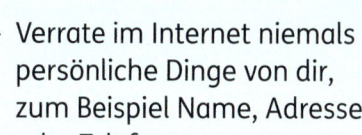 Suchbutton

7. Wähle nun aus den Vorschlägen der Suchmaschine einen Artikel aus, klicke ihn an und informiere dich.

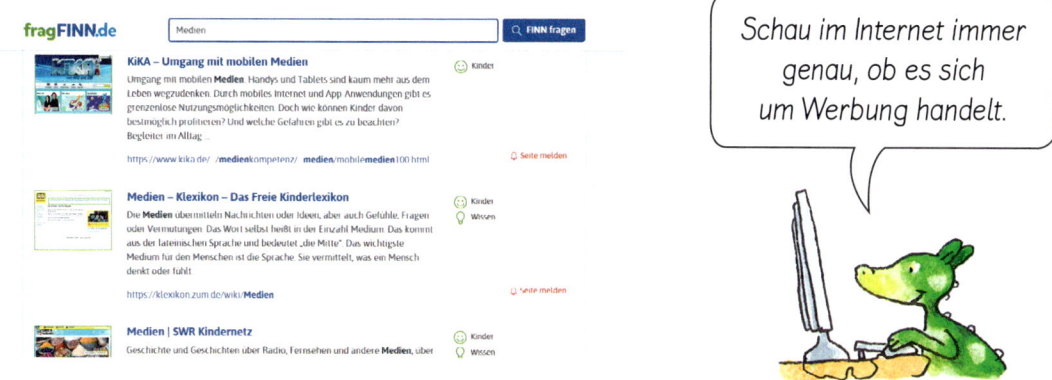

Schau im Internet immer genau, ob es sich um Werbung handelt.

1 Probiere eine Suchmaschine für Kinder aus. Befolge die Schrittfolge und suche nach Begriffen, die dich interessieren.

2 Welche Internetseite magst du besonders? Begründe.

So kannst du weiterarbeiten

Türschild

Gestalte ein Türschild mit dem Computer.

Trickfilm selbstgemacht

Dreht euren eigenen Trickfilm mithilfe einer Trickboxx.
Knetet eine Figur und gestaltet einen Hintergrund in einem Schuhkarton. Stellt die Figur in die Mitte des Kartons und macht ein Foto. Bewegt die Figur ein wenig und macht ein neues Foto. Wichtig: Die Kamera darf dabei nicht bewegt werden. Klebt sie am besten an den Seiten mit Klebeband fest.
Für einen guten Trickfilm braucht ihr viele Fotos. Übertragt die Fotos nun auf einen Computer und klickt die Fotos schnell durch.

Flaschenpost

Schreibe einem Fremden mit ein paar netten Worten einen Brief. Rolle ihn ein und verstecke ihn in einer Flasche. Schicke die Flasche auf Reisen.

Denke weiter

Ist ein Computer krank, wenn er einen Virus hat?

Wie kommen die Bilder ins Fernsehen?

Pflanzen und Tiere

Tiere und Pflanzen im und am Gewässer

15 Tiere, die im und am Gewässer leben, sind unterschiedlich an diesen Lebensraum angepasst. Fische, Krebse und Würmer können nur im Wasser leben.
Manche Tiere, zum Beispiel Frösche, beginnen ihr Leben im Wasser und leben später an Land. Vögel, Säugetiere und Reptilien kommen dagegen nur zur Nahrungssuche oder zum Trinken an das Gewässer.

Was bedeutet …?

Reptilien

reptilis = kriechen (*lateinisch*)
Reptilien sind Kriechtiere, wie zum Beispiel Schildkröten, Schlangen, Eidechsen.

Fisch, Amphibien, Säugetier → AH S. 14, 15, 69

1. Suche die Tiere und Pflanzen aus den Kreisen im Bild.
2. Stellt euch gegenseitig Aufgaben zu dem Bild. Zum Beispiel: „Wie viele Fische findest du?" oder „Wo ist die Trauerweide?"
3. Welche weiteren Tiere und Pflanzen entdeckst du im und am Gewässer?
4. Erstelle ein Plakat zu einem Tier oder einer Pflanze. Halte dazu einen Vortrag.

→ AH S. 14, 15, 69   Insekt, Libelle, Weichtier

Ein Gewässer erkunden

Was du alles untersuchen kannst:
- Wassertiere
- Wasserfarbe
- Wassertemperatur
- Wassergesundheit

Merke!
- Arbeite ruhig und leise.
- Quäle, verletze oder töte keine Tiere. Lasse sie wieder frei.
- Zertrample oder reiße keine Pflanzen aus.

1. Welche Gegenstände helfen dir, ein Gewässer zu untersuchen?
2. An welche Regeln musst du dich halten? Zähle auf. Fallen dir weitere Regeln ein?
3. Untersuche ein Gewässer in deiner Nähe und halte die Ergebnisse fest.

Naturschutz, Umweltschutz

Die Wasserlinse

Wasserlinsen schwimmen frei auf der Wasseroberfläche. Ihre Wurzeln sind nicht im Boden verankert. Unter guten Bedingungen wachsen der Wasserlinse ständig neue Blättchen. Jedes Blättchen bildet eigene Wurzeln und wird zu einem neuen Pflänzchen. So entsteht ein Wasserlinsenteppich. Wasserlinsen sind eine beliebte Nahrung für Wasservögel.

1 Welche Besonderheiten hat die Wasserlinse?

Das Wasserlinsen-Experiment

Mit diesem Experiment kannst du herausfinden, unter welchen Bedingungen sich Wasserlinsen am schnellsten vermehren.

Verteile je einen Teelöffel Wasserlinsen gleichmäßig auf die drei Gläser. Stelle die drei Gläser an einen hellen Platz und zähle täglich die Wasserlinsen.

Du brauchst:
- Wasserlinsen
- Teelöffel
- ein Glas Leitungswasser
- ein Glas Leitungswasser mit etwas Blumendünger
- ein Glas mit Wasser aus einem Teich oder Tümpel

2 Führe das Experiment durch und beobachte zwei Wochen lang, wie sich die Wasserlinsen entwickeln. Was stellst du fest?

Die Stockente

Stockenten sind Wasservögel. Sie können laufen, fliegen, schwimmen und tauchen. Die Stockenten leben an Land und im Wasser. Männchen und Weibchen unterscheiden sich durch ihr Federkleid. Das Männchen hat ein besonders auffälliges buntes Federkleid.
Im Frühjahr legt das Weibchen zehn bis zwölf Eier. Ungefähr 28 Tage später schlüpfen die Küken. Stockenten fressen Pflanzen, Insekten und Würmer.
Wenn Stockenten auf Nahrungssuche gehen, nennt man das gründeln. Dabei tauchen sie mit dem Kopf voran zum Grund des Gewässers und suchen diesen nach Nahrung ab.

- Rücken
- Schnabel
- Bürzel
- Brust
- Erpellocken
- Fuß mit Schwimmhäuten

Die männliche Ente nennt man auch Erpel.

1. Erzähle deinem Partner, was du über die Stockente erfahren hast.
2. Wie unterscheiden sich Männchen und Weibchen voneinander? Beschreibe genau.

Die Ente ist sehr gut an ihren Lebensraum angepasst:

Schwimmfüße

1. Paddle mit gespreizten Fingern durchs Wasser.
2. Ziehe eine Plastiktüte über die Hand und paddle.

Bewegung nach vorn

Bewegung nach hinten

18 Beim Schwimmen kann die Ente ihre Schwimmfüße wie einen Fächer spreizen und schließen. Geht der Entenfuß nach vorne, dann schließt der Fuß sich und die Schwimmhäute werden zusammengefaltet. Geht der Fuß nach hinten, öffnet sich der Entenfuß und die Schwimmhäute werden gespreizt.

Gefieder

1. Lege eine Feder aufs Wasser.
2. Lege eine mit Spülmittel entfettete Feder daneben.

Die Bürzeldrüse produziert Fett. Mithilfe ihres Schnabels fettet die Ente ihre Deckfedern damit ein. Das Fett verhindert, dass Wasser in ihr Gefieder eindringen kann.

1 Wie ist die Stockente an ihren Lebensraum angepasst? Überprüfe mithilfe der Experimente.

2 Beschreibe, wie die Ente ihre Füße beim Schwimmen bewegt.

→ AH S. 16

Der Frosch

Körperbau und Anpassung an den Lebensraum

Frösche brauchen einen feuchten Lebensraum, damit ihre Haut nicht austrocknet. Deshalb leben sie an Tümpeln, Teichen oder Mooren. Nahrung suchen Frösche unter Wasser und an Land. Die Beute fangen sie mit ihrer langen, klebrigen Zunge.

Unter Wasser können Frösche ihre Nasenlöcher schließen. Zum Schutz vor Verletzungen ziehen Wasserfrösche beim Tauchen ihre Augen ein. Frösche, die meist im Wasser leben, besitzen Schwimmhäute zwischen den Zehen. Damit können sie sich im Wasser schnell bewegen.

Um ihr Revier zu verteidigen und um Froschweibchen anzulocken, quaken die männlichen Frösche. Je nach Froschart haben sie ein oder zwei Schallblasen. Diese lassen das Quaken noch lauter klingen.

Mit ihren langen und kräftigen Hinterbeinen können die Frösche sehr weit springen.

① Wie hat sich der Frosch an seinen Lebensraum angepasst? Beschreibe.

② Wie springt der Frosch? Beschreibe genau.

③ Welche Froscharten gibt es? Recherchiere.

Metamorphose → AH S. 17

Fortpflanzung und Entwicklung

Im Frühjahr paaren sich die Frösche.
Das Weibchen legt bis zu 1000 Eier ab.
Froscheier nennt man auch Laich.
Das Männchen befruchtet diese mit seinem Samen. Aus den Eiern entwickeln sich die Kaulquappen.

Nach zehn Tagen schlüpfen aus den Eiern winzige Froschlarven (Kaulquappen).
Die Kaulquappen haben einen langen Schwanz und einen kleinen Schnabel. Mit einem Frosch haben sie noch keine Ähnlichkeit. Sie atmen durch Kiemen wie Fische.

Nach und nach entwickeln sich die Kaulquappen immer mehr zu Fröschen. Zuerst wachsen die Hinterbeine, dann die Vorderbeine.
Der Schnabel fällt ab und der Schwanz wird immer kleiner.
Die jungen Frösche sehen den erwachsenen Fröschen immer ähnlicher. Der Schwanz ist nun ganz verschwunden. Nach etwa drei Monaten sind die Lungen ausgebildet. Die Frösche können nun nur noch an Land atmen.
Nach etwa drei Jahren sind Frösche erwachsen.

1 Beschreibe die Entwicklung vom Ei zum Frosch.

2 Aus rund 1000 Eiern entwickeln sich nur ganz wenige Frösche. Wie kann das sein? Recherchiere.

→ AH S. 18, 70

„Quak", sagt der Frosch

🔊 21 „Quak", sagt der Frosch den ganzen Tag,

weil er das Quaken ja so mag.

„Quak", macht er laut und freut sich dann,

weil er so herrlich quaken kann.

„Gib' Ruh", rufen Esel, Pferd und Kuh

und halten sich die Ohren zu.

„Aus!", sagt die Maus, und in der Hand

hält sie ein Reststück Klebeband …

1 Lies das Gedicht.
Das geht auch laut und mit lustigen Tiergeräuschen.

2 Was hat die Maus mit dem Klebeband gemacht?

3 Welche Geräusche machen diese Tiere:
Hund, Schaf, Gans, Schwein, Hahn?
Welche Tiergeräusche kennst du noch?

„xxxxxxxxxxxxxxxxxxxxxxxxx " sagt xxxxxxxxxxxxxxxxxxxxxxxxx den ganzen Tag,

weil xxxxxxxxxxxxx das xxxxxxxxxxxxxxxxxxxxxxxxx ja so mag.

„xxxxxxxxxxxxxxxxxxxxx " macht xxxxxxxxxxxxx laut und freut sich dann,

weil xxxxxxxxxxxxx so herrlich xxxxxxxxxxxxxxxxxxx kann.

„Gib' Ruh", rufen Esel, Pferd und Kuh

und halten sich die Ohren zu.

„Aus!", sagt die Maus, und in der Hand

hält sie ein Reststück Klebeband …

> Wau

4 Suche dir ein Tier aus.
Schreibe ein Geräuschgedicht zu diesem Tier.

Nutzpflanzen

Nutzpflanzen sind Pflanzen, die wir hauptsächlich als Nahrungsmittel nutzen. Wir geben sie auch Tieren zum Fressen oder nutzen sie als Rohstoffe für technische Zwecke.

Von den Nutzpflanzen essen wir ganz unterschiedliche Teile: Wurzeln, Stängel, Blätter oder Früchte, manchmal auch Blüten oder Samen.

1 Wie heißen diese Nutzpflanzen? Fallen dir noch weitere ein?

 2 Erstelle eine Tabelle für die Nutzpflanzen und trage richtig ein.

Davon nutzen wir

Früchte	Blätter und Stängel	Wurzeln

→ AH S. 19, 71

Die Kartoffel

1537 — Spanier entdecken in Südamerika auf der Suche nach Gold die Kartoffel

1565 — Spanier bringen die Kartoffel nach Europa

1600

1621 — Erstmals in Deutschland als Zierpflanze angebaut

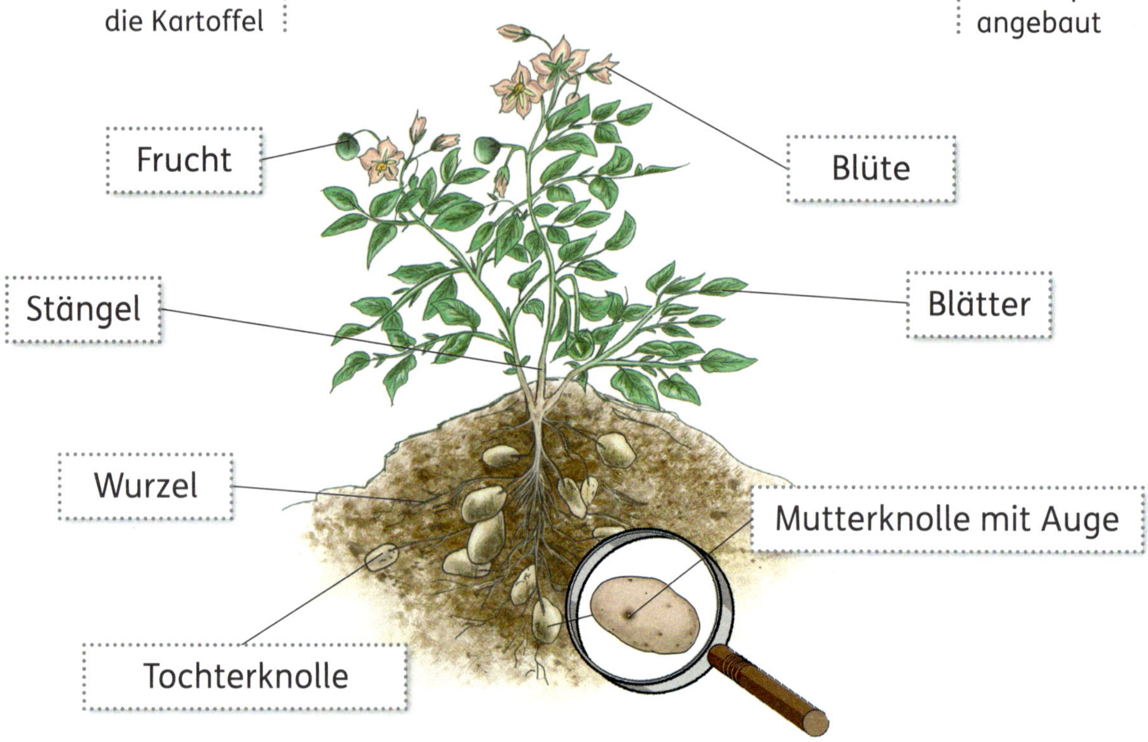

- Frucht
- Blüte
- Stängel
- Blätter
- Wurzel
- Mutterknolle mit Auge
- Tochterknolle

23 Wenn die Erde warm genug ist, wird die Mutterknolle in die Erde gesteckt. Aus den Augen der Kartoffel wachsen mehrere Triebe. Einige Triebe suchen den Weg ans Licht. Die anderen Triebe verwurzeln sich im Erdreich und bilden Tochterkartoffeln. Bis zu 20 Tochterkartoffeln können entstehen. Im Herbst können die Kartoffeln schließlich geerntet werden.

1 Beschreibe den Aufbau der Kartoffelpflanze.

2 Wie entwickeln sich Kartoffeln? Erkläre.

Kartoffel → AH S. 20

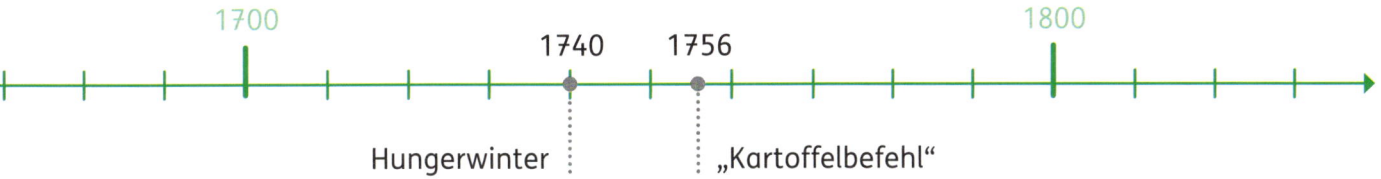

| 1700 | | 1740 | 1756 | | 1800 |
| | | Hungerwinter | „Kartoffelbefehl" | | |

König Friedrich der Große von Preußen erkannte, wie wertvoll die Kartoffel als Nahrungsmittel ist. Er wollte auch die Bauern davon überzeugen. Aber die Bauern hielten die Kartoffel für ein Teufelswerk, weil sie die Pflanze nicht kannten.

Als sie die rohen Kartoffeln doch probierten, schmeckten sie ganz und gar nicht. Die Bauern dachten, sie seien giftig.

Bald litten die Menschen mehr und mehr unter Hungersnot, sodass der König zu einem Trick griff. Er ließ Kartoffelfelder anlegen und von Soldaten bewachen. Die Bauern wurden neugierig und dachten, die Pflanzen müssen sehr wertvoll sein. Nachts schlichen sich die Bauern auf die Felder, stahlen die Kartoffelknollen und bauten diese auf ihren Feldern an. Die Soldaten schauten weg, denn genau das wollte der König erreichen. Ob diese Geschichte genau so passiert ist, ist nicht sicher. Sicher ist aber, dass der König Kartoffeln verteilen ließ und den Bauern befahl, Kartoffeln anzupflanzen. Dies wurde in einem Kartoffelbefehl festgehalten.

1 Wie brachte der König die Bauern dazu, Kartoffeln anzubauen?

2 Spielt die Geschichte der Kartoffel im Rollenspiel nach.

Kartoffelbefehl

„Es ist ... die Anpflanzung der sogenannten Tartoffel, als ein sehr nützliches und so wohl für Menschen als Vieh auf sehr vielfache Weise dienliches Erd-Gewächse, ernstlich anbefohlen."

So kannst du weiterarbeiten

Einen Kescher bauen

Baue dir aus einem Sieb, einem langen Ast und starkem Klebeband einen Kescher.

Kreative Pflanzenzucht

Züchte besondere Pflanzen zum Beispiel:
- Eimerkartoffeln
- Kistentomaten
- Topfbohnen
- Eierkresse

Kartoffeldruck

Schneide eine Kartoffel in zwei Hälften. Stich mit einer Ausstechform ein Motiv hinein. Schneide die Ränder vorsichtig mit einem Messer weg. Bestreiche das Motiv nun mit Farbe.

Ein Duftsäckchen herstellen

Sammle duftende Blütenpflanzen und Kräuter. Trockne sie. Nimm dir ein kleines Säckchen aus Baumwolle oder Jute. Fülle die getrockneten Pflanzen hinein. Binde das Säckchen zu. Du kannst das Säckchen auch schön gestalten und es als Geschenk verwenden.

Denke weiter

Warum heißt der Kartoffelkäfer, Kartoffelkäfer?

Warum werden geschnittene Äpfel so schnell braun?

Körper und Gesundheit

Skelett

25 Ein Baby hat mehr Knochen als ein Erwachsener. Aber wie kann das sein? Es liegt daran, dass einige Knochenteile erst später zusammenwachsen. Das Knochengerüst stützt den Körper und schützt die Organe. Es wird Skelett genannt. Ohne Skelett würde dein Körper zusammenfallen.

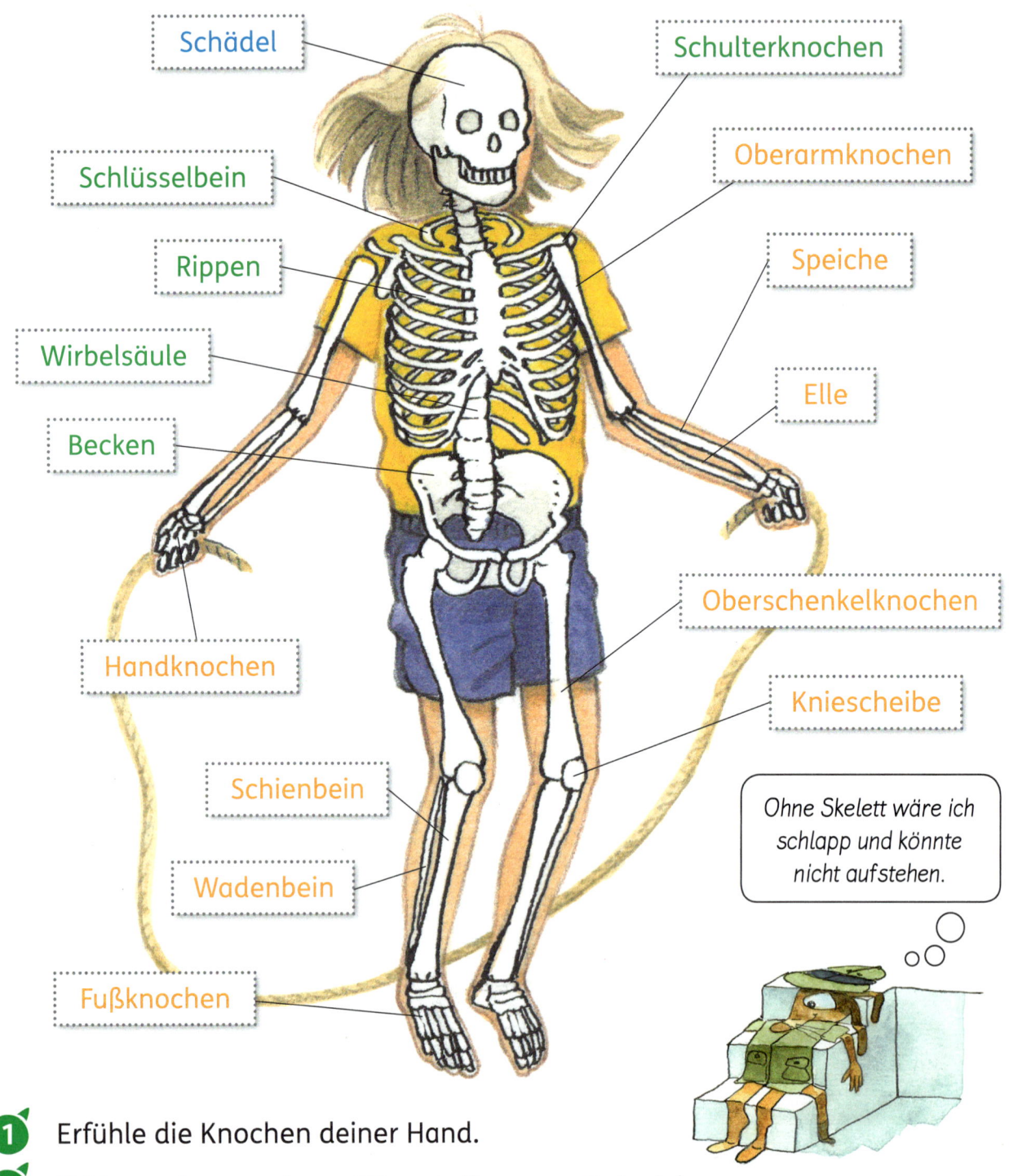

Ohne Skelett wäre ich schlapp und könnte nicht aufstehen.

1 Erfühle die Knochen deiner Hand.

2 Fühle auch an anderen Körperteilen, zum Beispiel an Arm, Bein, Fuß, Kopf, Rücken, Schulter, Brust und Hüfte.

3 Welche Teile gehören zum Kopf, zum Rumpf und zu den Gliedmaßen?

Gelenke

26 Knochen sind nicht biegsam. Du brauchst Gelenke, um dich bewegen zu können. Gelenke sitzen immer dort, wo zwei Knochenenden aufeinandertreffen.

1 Zieh eine Papprolle über deinen Arm. Nimm ein Stück Apfel in die Hand und iss es. Was stellst du fest?

In deinem Körper gibt es verschiedene Gelenkarten. Zwei davon sind das Scharniergelenk und das Kugelgelenk.

Das **Scharniergelenk** lässt sich in zwei Richtungen bewegen.

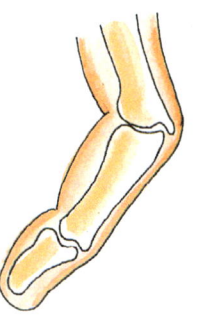 

Das **Kugelgelenk** lässt sich in alle Richtungen bewegen.

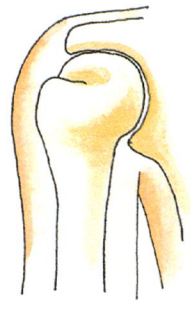 

2 Wo hast du an deinem Körper Gelenke? Probiere aus.

3 Suche an deinem Körper Scharniergelenke und Kugelgelenke.

4 Welche weiteren Gelenkarten gibt es? Recherchiere.

→ AH S. 23, 72

Muskeln

Damit du dich bewegen kannst, brauchst du Muskeln. Deine Muskeln können sich zusammenziehen, aber nicht wieder alleine strecken. Deshalb arbeiten sie in Partnerarbeit. Der eine Muskel zieht in die eine Richtung und der andere Muskel zieht ihn dann wieder zurück. Muskeln sind durch Sehnen mit den Knochen verbunden. Sie können durch Training wachsen.
Alle Muskeln haben Namen. Am Arm gibt es zum Beispiel Bizeps und Trizeps.

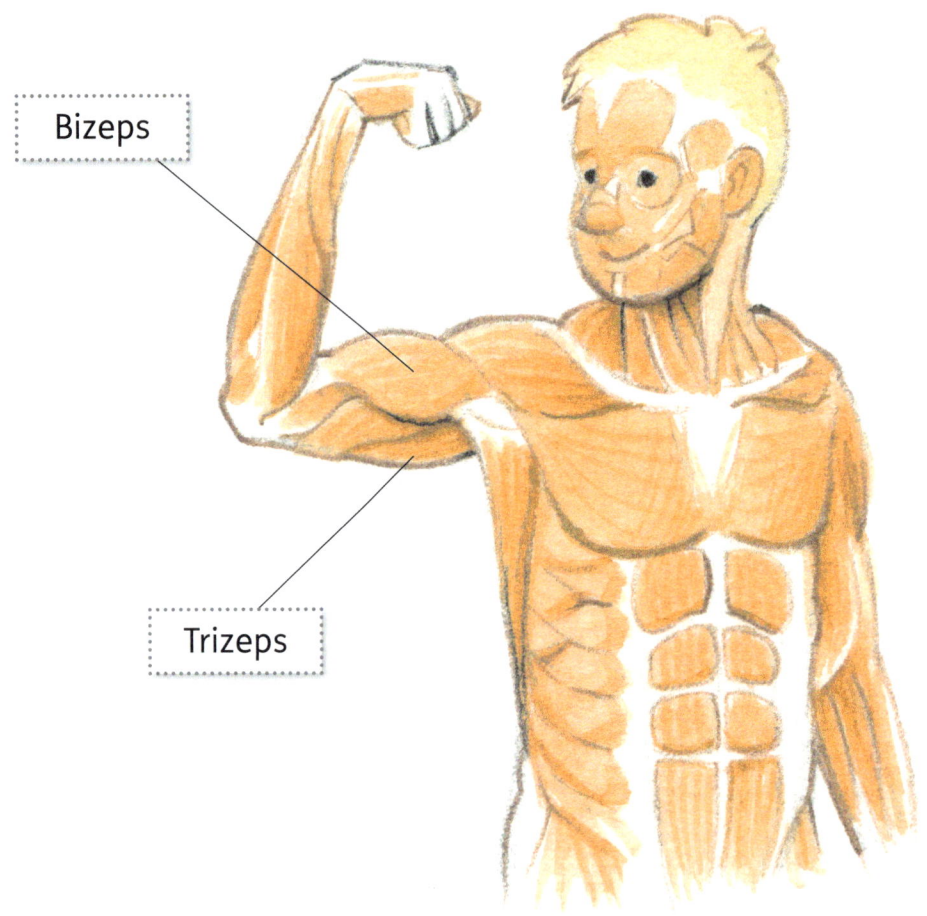

1. Beuge und strecke deinen Arm. Fühle dabei genau an deinem Oberarm, was sich verändert. Beschreibe.
2. Wie arbeiten die Muskeln in Partnerarbeit?
3. Macht „Wandsitzen" wie auf dem Bild. Wer hält am längsten durch? Welche Muskeln hast du gespürt?

Atmung

Atemzüge in einer Minute			
Name	in Ruhe	nach zwei Minuten Hüpfen	nach drei Minuten Pause

1 Stelle dich ruhig hin und lege deine Hände auf deinen Bauch. Spüre, wie sich dein Bauch beim Einatmen und Ausatmen verändert.

2 Zähle deine Atemzüge in Ruhe und nach einer Anstrengung. Dein Partner stoppt die Zeit. Trage die Ergebnisse in eine Tabelle ein.

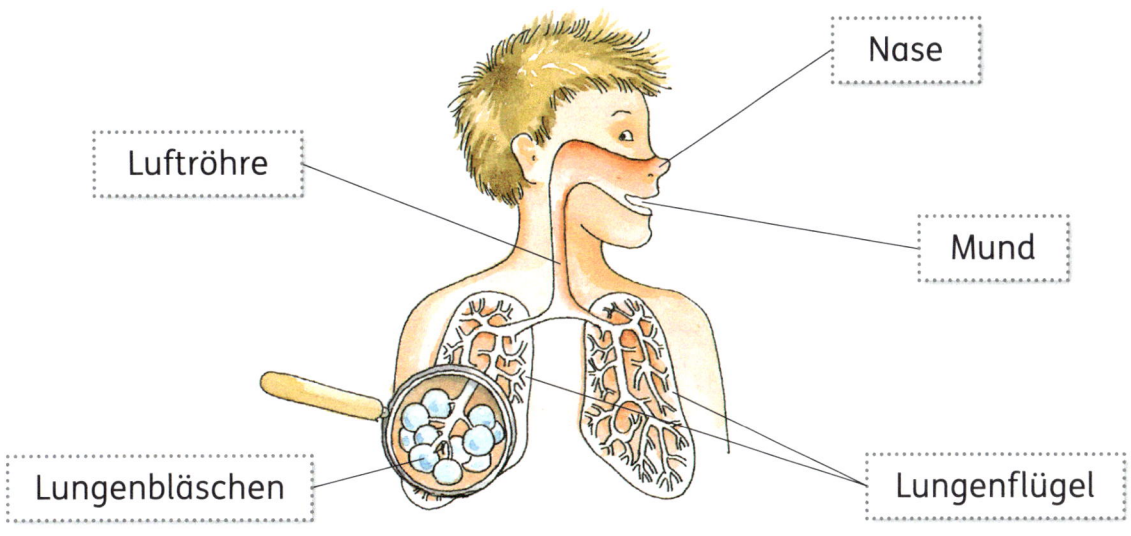

28 Du atmest durch Nase und Mund. Das macht dein Körper ganz automatisch. Beim Atmen nimmst du Luft mit Sauerstoff auf. Diese gelangt durch die Luftröhre in die Lunge zu den beiden Lungenflügeln. In den Lungenflügeln verzweigen sich die Atemwege wie die Äste eines Baumes. Am Ende der kleinen Äste befinden sich die Lungenbläschen. Sie geben den Sauerstoff an das Blut weiter. Die Luft ohne Sauerstoff atmest du wieder aus.

3 Wie kommt der Sauerstoff ins Blut?

→ AH S. 24

Herz und Blutkreislauf

🎧 29 Dein Herz ist ein starker Muskel und ungefähr so groß wie eine Faust. Mit jedem Schlag pumpt das Herz Blut durch deinen Körper. Das Blut transportiert Sauerstoff und Nährstoffe zu den Organen. Dabei fließt das sauerstoffreiche Blut durch die Arterien zu den Organen hin. Das sauerstoffarme Blut fließt durch die Venen wieder zurück zum Herz. Das ist der Blutkreislauf.
Strengst du dich an, muss dein Körper besonders gut mit Nährstoffen und Sauerstoff versorgt werden. Dein Herz schlägt dann schneller.
Am Handgelenk oder am Hals kannst du ertasten, wie dein Herz schlägt. Diese Herzschläge nennt man Puls. Der normale Ruhepuls eines 9-jährigen Kindes liegt bei ungefähr 90 Schlägen in der Minute. Der eines Erwachsenen liegt bei ungefähr 70 Schlägen in der Minute.

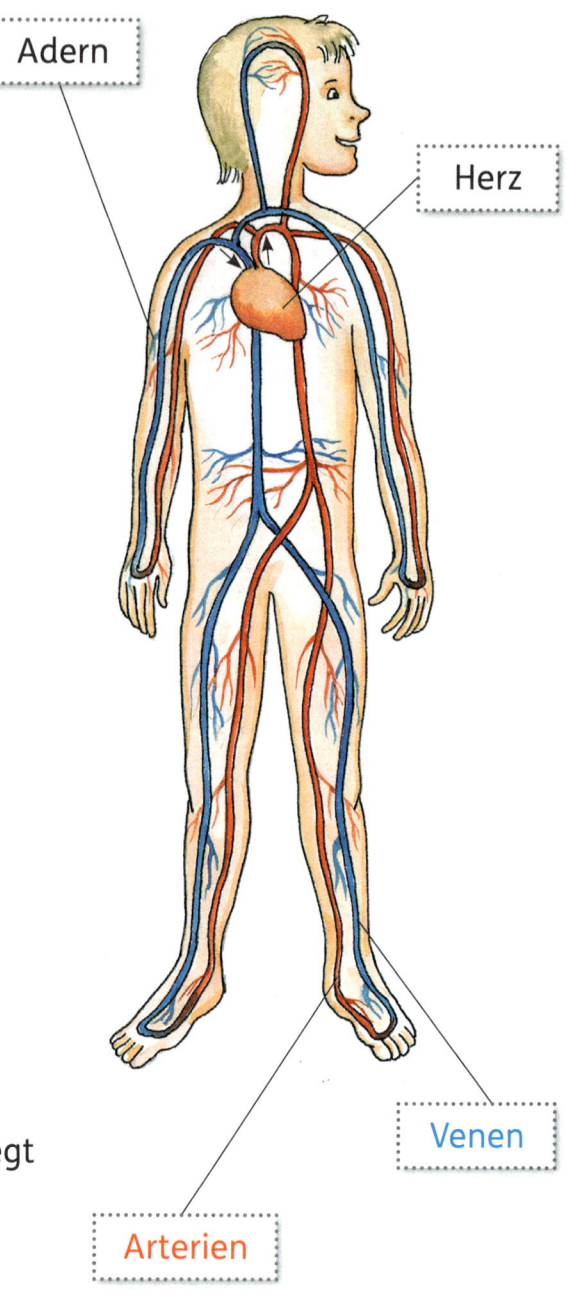

❶ Erkläre den Blutkreislauf.

❷ Lege mit deinem Partner eine Tabelle an.
Suche deinen Puls. Zähle die Pulsschläge in einer Minute. Dein Partner misst die Zeit und trägt die Ergebnisse in die Tabelle ein.

Pulsschläge in einer Minute			
Name	in Ruhe	nach zwei Minuten Hüpfen	nach drei Minuten Pause

❸ Was fällt euch auf, wenn ihr eure Ergebnisse vergleicht?

→ AH S. 25

Gesunde Ernährung

Damit dein Körper richtig funktioniert, sollst du regelmäßig, gesund und abwechslungsreich essen und ausreichend trinken.

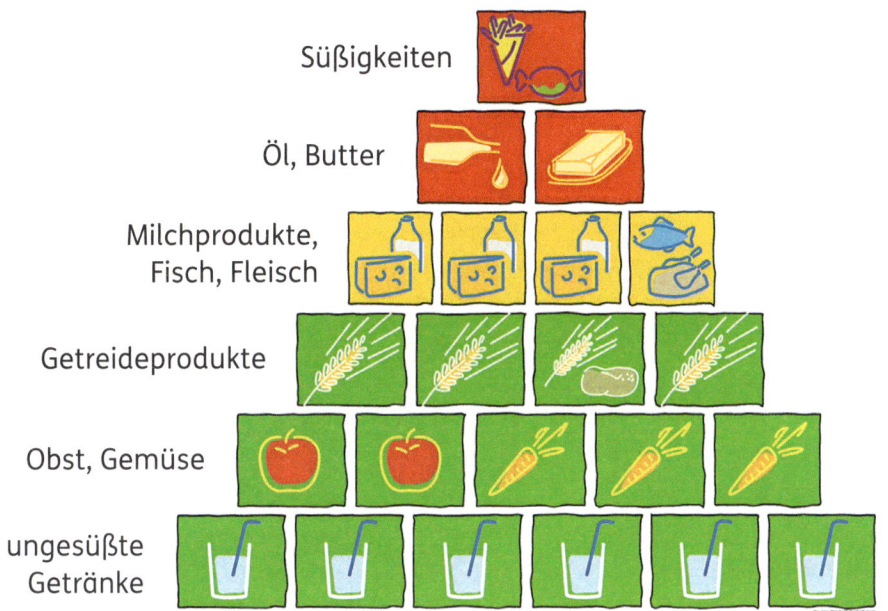

Merke!

Es gilt:

☐ = 1 Portion

1 Portion = eine Hand voll

Achtung: Bei Fett bedeutet eine Portion = ein Teelöffel!

Gewusst?

Die Pyramide hat die Farben einer Ampel.

Rot steht für bremsen, also wenig und langsam genießen.

Gelb bedeutet mäßig, aber regelmäßig essen.

Grün hat Vorfahrt, also hiervon reichlich essen.

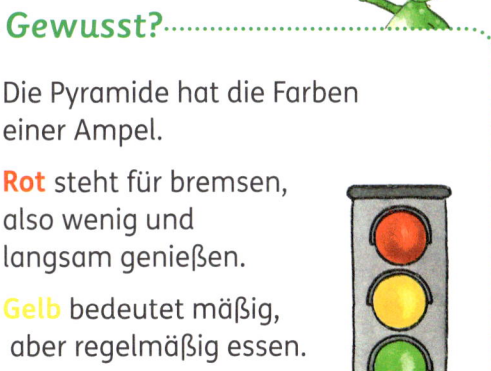

Trinke am Tag mindestens einen Liter Wasser oder ungesüßten Tee.

1. Erkläre die Ernährungspyramide.
2. Sieh dir das Frühstück rechts an. Begründe mit der Ernährungspyramide, warum es gesund ist.
3. Führe drei Tage Protokoll. Schreibe alles auf, was du isst. Vergleiche mit den Vorgaben der Pyramide.

→ AH S. 26, 27, 73   Ernährung, Gemüse, Obst, Vegetarier

Weg der Nahrung

Auf dem Weg durch deinen Körper wird das Essen verdaut. Es wird in immer kleinere Stücke aufgeteilt. So kann der Körper die Nährstoffe besser aufnehmen. Im Mund wird die Nahrung zerkleinert und mit Speichel vermischt. Wenn du schluckst, rutscht der Nahrungsbrei durch die Speiseröhre in deinen Magen. Im Magen wird der Nahrungsbrei mit Magensaft vermischt. Vom Magen wandert der Brei weiter in den Dünndarm. Im sechs Meter langen Dünndarm werden alle wichtigen Nährstoffe in das Blut abgegeben. Der Rest der Nahrung gelangt in den Dickdarm. Der Dickdarm entzieht dem Nahrungsbrei das Wasser. Was übrig bleibt, wird durch den After ausgeschieden.

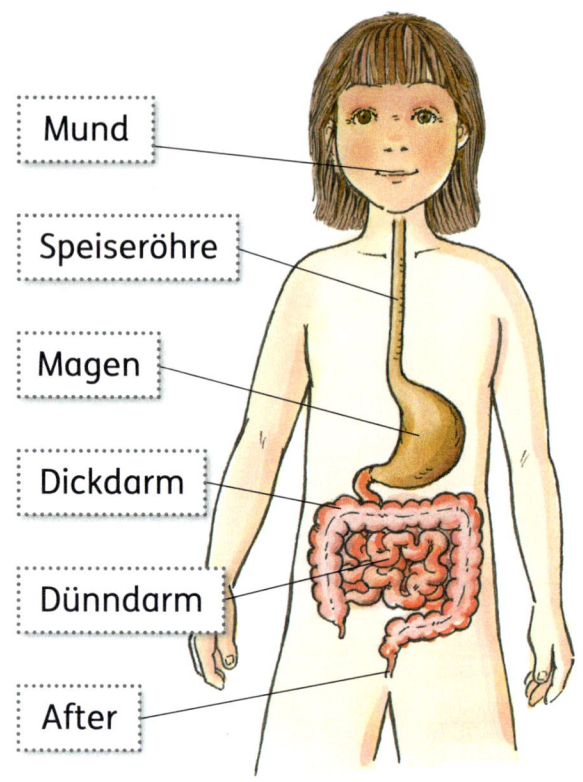

Mund
Speiseröhre
Magen
Dickdarm
Dünndarm
After

Was bedeutet ...?

Nährstoffe

Nährstoffe sind Inhaltsstoffe in Lebensmitteln, die für unseren Körper lebensnotwendig sind. Die wichtigsten Nährstoffe sind Eiweiße, Kohlenhydrate und Fette.

1. Iss ein Stück Brot und nimm genau wahr, was damit passiert?
2. Welchen Weg nimmt das Brot? Male deine Vermutung auf.

Die Muskeln schieben die Nahrung im Dünndarm und Dickdarm weiter. Dies kannst du mit einer Strumpfhose und einem kleinen Ball selber nachstellen. Schneide die Enden der Strumpfhose ab, sodass du einen langen Schlauch hast. Nun versuche, den Ball hindurchzuschieben.

3. Führe das Experiment durch. Wie arbeitet der Darm?

Was in Lebensmitteln alles steckt

Flüssigkeit in Nahrungsmitteln

1. Lege ein Geschirrtuch über eine Schüssel.
2. Reibe ein Lebensmittel auf das Geschirrtuch.
3. Presse die Flüssigkeit aus dem Lebensmittel.
4. Beschreibe das Ergebnis.

Du brauchst:
- Lebensmittel zum Beispiel Möhre, Gurke, Apfel, Kartoffel
- Küchenreibe
- Schüsseln
- Geschirrtücher

Fett in Nahrungsmitteln

1. Fülle die Sahne in das leere Marmeladenglas.
2. Verschließe es gut.
3. Schüttle es kräftig und lange.
4. Beobachte, was passiert.
5. Beschreibe das Ergebnis.

Du brauchst:
- Becher Sahne (Zimmertemperatur)
- leeres Marmeladenglas

Geht das auch mit fettarmer Milch?

 **1** Führe diese beiden Experimente durch.

Gesund bleiben

 Bewegung

Der Körper braucht viel frische Luft und Bewegung, um gesund zu bleiben und leistungsfähig zu sein.

1. Wie hast du dich in den letzten zwei Stunden bewegt?
2. Sammelt Möglichkeiten, wie ihr euch mehr bewegen könnt.
3. Sammelt Bewegungsspiele für die Pause. Erstellt ein Plakat.
4. Informiert euch über Sportangebote in eurer Umgebung. Haltet einen Vortrag darüber.

Entspannung

Viele verschiedenen Übungen helfen dir, deinen Körper fit zu halten. Aber auch Ruhe und Entspannung sind wichtig, damit der Körper sich erholen kann.

5. Probiere, dich mit Yoga zu entspannen.

> **Gewusst?**
> Yoga stammt aus Indien. Mit diesen Übungen lassen sich Körper, Geist und Seele in Einklang bringen. Am wichtigsten ist dabei die Atmung.

Sport, Yoga

Signalwörter-Geschichte

 **Niko und Hugo machen Sport**

Niko macht jeden Mittwochnachmittag Sport.
Er trainiert zusammen mit Hugo Hörnchen.
Heute wollen die Freunde Seil springen.
Niko hat ein langes Seil mitgebracht.
Er nimmt die Enden in die Pfoten und schwingt das Seil.
Dann springt Niko los.
Es klappt gut. Niko springt zwei Minuten lang.
Jetzt ist Hugo dran.
Aber was ist das? Nikos Seil ist viel zu lang für Hugo.
Hugo Hörnchen sagt: „Macht nichts, Niko,
dann lese ich einfach im Liegestuhl
den Sportteil der Zeitung, während du springst!"

1 Wählt ein Vorlesekind.
Es liest euch langsam und deutlich die Geschichte vor.

2 Nun liest das Vorlesekind noch einmal.
Macht dazu diese Bewegungen:

beim Wort **Niko**
→ mit den Händen einen dicken Bauch zeigen

beim Wort **Hugo**
→ so tun, als würdet ihr einen Hut aufsetzen

beim Wort **Sport**
→ beide Arme hochreißen

beim Wort **Seil**
→ einen Strich in die Luft zeichnen

bei allen Wörtern, die **spring** enthalten
→ einmal hochhüpfen

So kannst du weiterarbeiten

Spiel: Weg der Nahrung

1. **Station – Mund:** den Rücken des Kindes mit den Handkanten leicht klopfen und mit den Handflächen reiben
2. **Station – Speiseröhre:** sanft weiterschieben
3. **Station – Magen:** den Rücken leicht kneten
4. **Station – Dünndarm:** leichte Zupfmassage auf dem Rücken
5. **Station – Dickdarm:** den Rücken mit der Handfläche streichen und das Kind aus dem Kreis schieben

Stabfingerhandschuh

Du brauchst: Gummihandschuhe, Klebeband, flache Holzstäbe (ca. 30 cm lang)

Befestige die Stäbe mit Klebeband an Daumen und Zeigefinger der Gummihandschuhe. Ziehe die Handschuhe nun an und versuche, Gegenstände aufzuheben. Was stellst du fest?

Denke weiter

Meine Adern sind blau. Ist mein Blut auch blau?

Was ist eigentlich Muskelkater?

Warum müssen wir pupsen?

Wasser und Wetter

Plötzlich ist das Wasser weg

1. Kein Wasser mehr im Haus! Wofür braucht die Familie Wasser?
2. Wofür brauchst du Wasser? Protokolliere einen Tag.

Wasser ist kostbar

Wasser ist die wichtigste Grundlage für alles Leben auf der Erde. Ohne Wasser können Menschen, Tiere und Pflanzen nicht leben. Ein Mensch kann viele Tage ohne Essen auskommen, aber nur wenige Tage ohne Wasser. Weltweit leiden viele Millionen Menschen unter Wassermangel. Sie haben zu wenig Wasser oder das Wasser ist verschmutzt und kann krank machen.

1 Wieso freuen sich die Menschen manchmal über Regen? Und wieso ärgern sie sich manchmal darüber?

Ich freue mich, wenn es regnet.

2 Trage einen Eimer Wasser über den Schulhof. Wie fühlt sich das an?

3 Stelle dir vor, du müsstest täglich Wasser aus dem Brunnen holen. Wo würdest du Wasser einsparen, um nicht mehrfach zum Brunnen gehen zu müssen?

4 Gestalte ein Plakat dazu, wie du Wasser sparen kannst.

Wasser verändert sich

Fülle Wasser in eine Plastiktüte und knote sie oben fest zu. Lege sie ins Gefrierfach und schaue am nächsten Tag nach.

Bringe Eiswürfel mit. Du kannst sie in einem Thermobehälter transportieren. Lege die Eiswürfel in eine Schüssel.

Halte einen Löffel mit Wasser über ein Teelicht, bis es kocht. Dein Partner hält einen Spiegel über den Löffel.

 Seid vorsichtig!

Du brauchst:
- Löffel
- Wasser
- Spiegel
- Tüte
- Schüssel
- Glas
- Gefrierfach
- Teelicht im Halter

① Vermute, was bei diesen drei Experimenten passiert.

② Führe die Experimente durch. Was hast du beobachtet?

③ Wo findest du deine Beobachtungen im Alltag wieder?

1 Welche Formen des Wassers erkennst du auf den Bildern?

Wasser kann drei verschiedene Zustandsformen (Aggregatzustände) haben: fest, flüssig und gasförmig. Es ändert seine Zustandsform je nach Temperatur. Bei Temperaturen unter 0 °C wandelt sich das Wasser von flüssig zu fest. Gasförmig wird das Wasser, wenn es auf 100 °C erhitzt wird.

Gewusst?

Gasförmiges Wasser kannst du nicht sehen. Der Dampf, den du siehst, sind schon wieder kleine Wassertropfen.

Eis — Wasser — Wasserdampf
schmelzen → / ← gefrieren
verdunsten/verdampfen → / ← kondensieren
fest — flüssig — gasförmig

2 Erkläre, wie Wasser seine Zustandsform wandeln kann.

3 Ordne den Experimenten von Seite 56 die passenden Begriffe zu.

schmelzen • gefrieren • verdunsten/verdampfen • kondensieren

Eis

Wasserkreislauf

Das Wasser der Erde befindet sich in einem ständigen Kreislauf. Es geht kein Tropfen verloren. Die Sonne erwärmt die Erde. Dadurch verdunstet Wasser, zum Beispiel aus Seen und Flüssen. Es steigt als Wasserdampf nach oben. In großer Höhe kühlt der Wasserdampf ab und bildet kleine Wassertropfen. Sie bilden Wolken. Aus diesen Wolken kommt das Wasser als Niederschlag, zum Beispiel Regen oder Schnee, wieder auf die Erde zurück. Ein Teil des Regens versickert im Boden. Ein anderer Teil sammelt sich zum Beispiel in Pfützen, Seen oder Flüssen. Dann beginnt der Kreislauf von vorne.

1 Beschreibe den Kreislauf des Wassers.

→ AH S. 32

Gutes Wetter – schlechtes Wetter?

Das Wetter ist ein Zusammenspiel von Sonne, Temperatur, Wind, Niederschlag und Bewölkung. Es verändert sich ständig und ist auch von Ort zu Ort verschieden. Wenn an einem Ort die Sonne scheint, kann es im Nachbarort regnen. Aber was ist eigentlich gutes Wetter und was ist schlechtes Wetter?

1. Wie fühlen sich die Kinder auf den Bildern?
2. Welches Wetter magst du am liebsten? Begründe.
3. Erstellt eine Mindmap zum Thema „Wetter".
4. Welche Berufe sind vom Wetter abhängig?

→ AH S. 33, 75 Wetter

Wolken

Wolken bestehen aus kleinen Wassertropfen oder Eiskristallen. Die Wolken können unterschiedliche Formen annehmen. Manchmal sehen sie aus wie Menschen, Tiere oder Dinge.

1 Beobachte die Wolken am Himmel. Welche Formen entdeckst du?

Federwolken bedecken wie ein Schleier den Himmel. Es bleibt noch kurze Zeit schön.

Haufenwolken sind Schönwetterwolken. Wenn sie am Himmel zu sehen sind, bleibt das Wetter auch in den nächsten Tagen noch schön.

Schäfchenwolken sind kleine über den ganzen Himmel verteilte Wolken, die an eine Schafherde erinnern. Sie kündigen schlechtes Wetter an.

Gewitterwolken sind große Wolken, deren Unterseiten bedrohlich dunkel sind. Sie schweben tief über dem Land. Diese Wolken kündigen ein baldiges Gewitter an.

2 Schau aus dem Fenster. Welches Wetter kündigen die Wolken an?

Gewusst?
Um zu errechnen, wie weit ein Gewitter entfernt ist, zählt man die Sekunden vom Blitz bis zum ersten Donnern. Wenn man die Sekunden dann durch drei teilt, weiß man, wie viele Kilometer das Gewitter entfernt ist.

Wind

Der Wind, den wir spüren, ist bewegte Luft.

Vor über 200 Jahren hat der englische Admiral Francis Beaufort eine Skala für Windstärken festgelegt. Sie wird auch heute noch benutzt.

Windstärke 0
Windstill
0 km/h

Windstärke 1–3
leichte Brise
1–19 km/h

Windstärke 4–5
mäßige Brise
20–38 km/h

Windstärke 6–7
starker Wind
39–61 km/h

Windstärke 8–9
Sturm
62–88 km/h

Windstärke 10–11
schwerer Sturm
89–117 km/h

Windstärke 12
Orkan
über 118 km/h

1 Was passiert bei den verschiedenen Windstärken? Beschreibe.

2 Wie stark weht der Wind heute? Woran siehst du das?

Tornado

Orkan

3 Wie gefährlich kann Wind für Mensch und Natur werden? Recherchiere.

Wind

Wetter beobachten

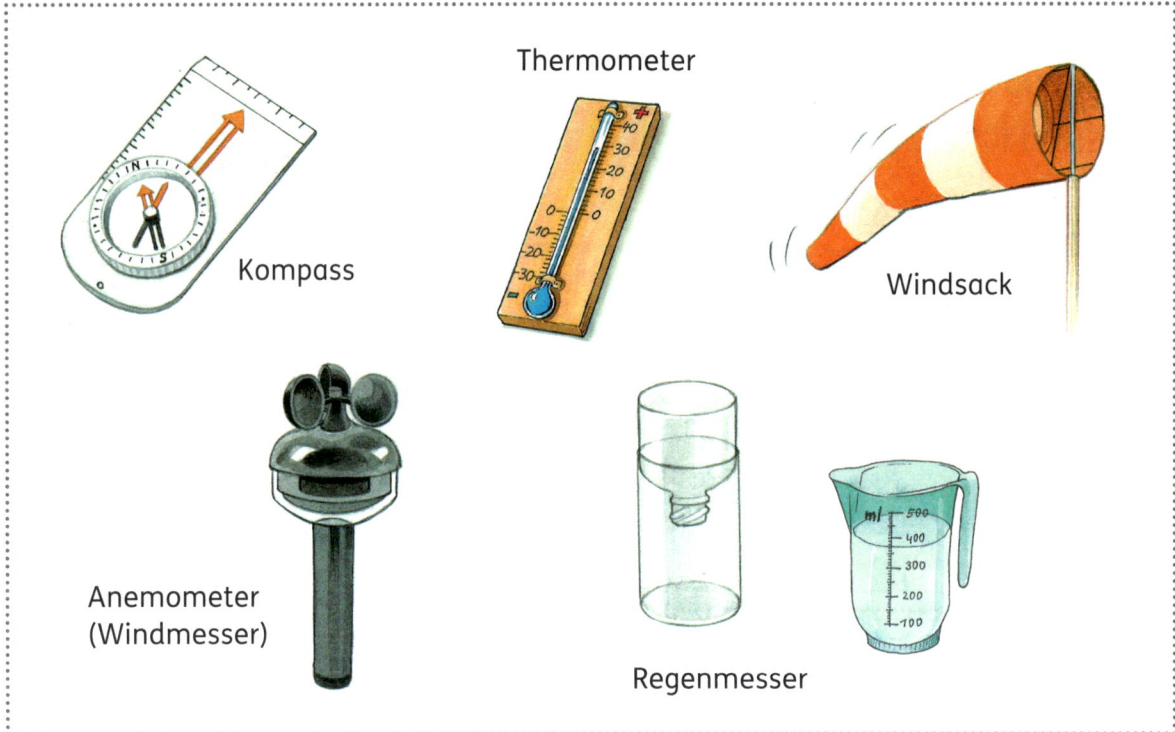

1. Was kannst du mit diesen Messinstrumenten messen?
2. Bau dir ein eigenes Messinstrument.

Gewusst?
Anders Celsius legte 1742 den Gefrierpunkt des Wassers auf dem Thermometer auf 0 Grad und den Siedepunkt auf 100 Grad Celsius fest.

Wetterbeobachtung

3. Was kann man in dieser Tabelle ablesen? Stellt euch gegenseitig Fragen.
4. Beobachte das Wetter über einen längeren Zeitraum. Trage deine Beobachtungen in eine Tabelle ein.

Wettervorhersage

Erst durch die Erfindung der Wettermessgeräte wurde es möglich, das Wetter richtig zu messen. Es gibt auf der Welt viele verschiedene Wetterstationen. Sie messen ständig Temperatur, Bewölkung, Niederschlag, Luftdruck und Wind. Alle Daten der Wetterstationen werden per Computer an den Wetterdienst weitergeleitet. Meteorologen erstellen aus diesen Daten eine Wettervorhersage.

Gewusst? Die Wissenschaft vom Wetter heißt Meteorologie. Die Wissenschaftler sind Meteorologen.

Wetterkarte Deutschland

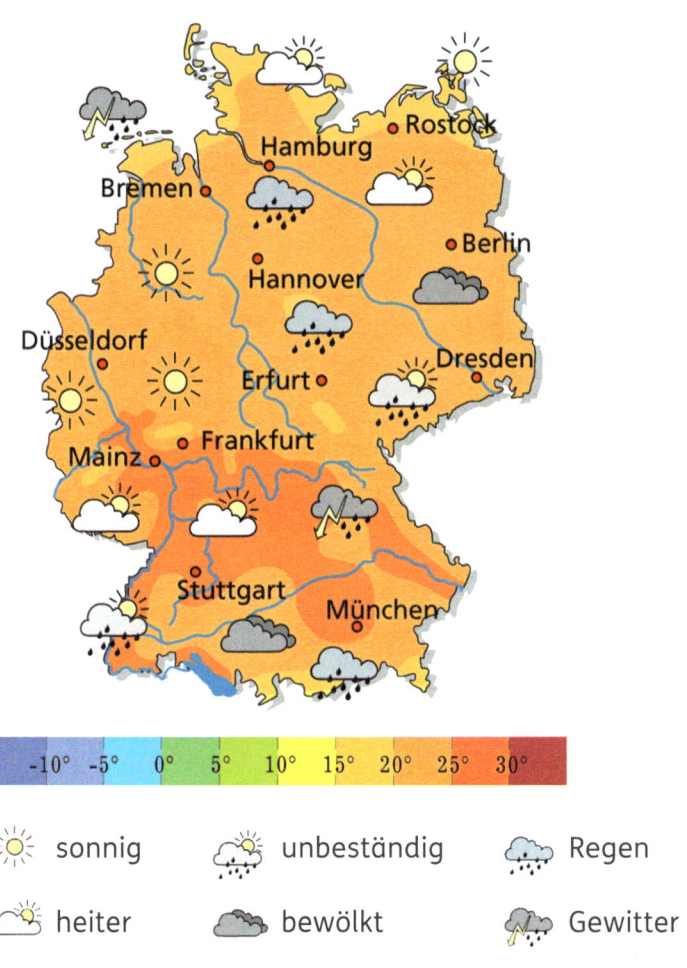

sonnig   unbeständig   Regen
heiter   bewölkt   Gewitter

Wetterstation

Satellit

Wetterstation auf einem Schiff

1. Was bedeuten die Wettersymbole auf der Karte? Erkläre.
2. Stellt euch gegenseitig Fragen zu den Wettererscheinungen auf der Wetterkarte. Zum Beispiel: „Wo wird es regnen?" „Wie warm wird es in Berlin?"
3. Wann ist es wichtig zu wissen, wie das Wetter wird?
4. Wo findest du noch Wettervorhersagen?

→ AH S. 35

Wie kommt das Trinkwasser in den Wasserhahn?

Wasser ist ein wichtiges Lebensmittel. Damit der Mensch das Wasser aus Talsperren und Flüssen und das Grundwasser als Trinkwasser nutzen kann, muss es im Wasserwerk in mehreren Stufen gereinigt werden.
Danach wird das Trinkwasser aus dem Wasserwerk in große Speicher gepumpt, zum Beispiel in Wassertürme. Dort wird das saubere Wasser gesammelt und in die einzelnen Häuser je nach Bedarf verteilt.
Der Wasserturm steht meist an einer höheren Stelle im Ort.

1. Woher erhält das Wasserwerk sein Wasser?
2. Erkläre deinem Partner, wie das Trinkwasser in deinen Wasserhahn kommt.

Experiment: Verbundene Röhren

1. Schneide ein Loch in beide Flaschen. Der Schlauch muss genau hineinpassen.

2. Streiche beide Schlauchenden mit Leim ein und stecke sie in die Löcher.

3. Lasse den Leim trocknen.

4. Fülle Wasser in eine Flasche.

1. Führe dieses Experiment durch. Beschreibe deine Beobachtungen.

2. Was hat dieses Experiment mit der Aufgabe eines Wasserturms zu tun?

Du brauchst:
- zwei Plastikflaschen
- Schlauch oder Trinkhalm
- Leim
- spitze Schere

→ AH S. 36

Was passiert mit dem schmutzigen Wasser?

Das verschmutzte Wasser aus Haushalt und Industrieanlagen wird unter der Erde in der Kanalisation gesammelt. Durch unterirdische Rohrleitungen gelangt das Wasser in die Kläranlage, wo es in mehreren Arbeitsschritten gereinigt wird.

1. Beschreibe den Weg des Abwassers bis zum Fluss.
2. Wie geht es weiter, nachdem das Wasser im Fluss gelandet ist?

Abwasser, Kläranlage → AH S. 37, 76

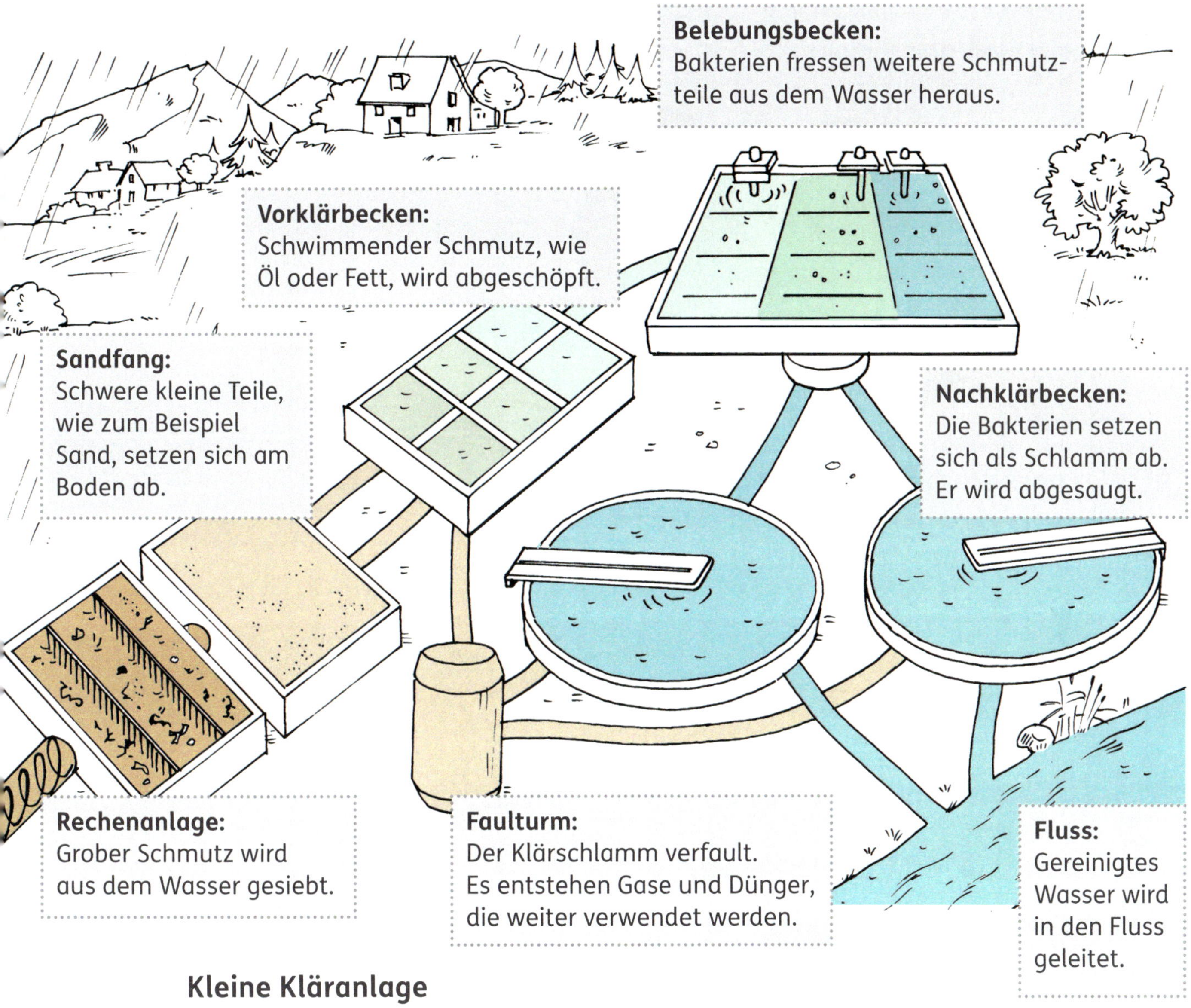

Belebungsbecken: Bakterien fressen weitere Schmutzteile aus dem Wasser heraus.

Vorklärbecken: Schwimmender Schmutz, wie Öl oder Fett, wird abgeschöpft.

Sandfang: Schwere kleine Teile, wie zum Beispiel Sand, setzen sich am Boden ab.

Nachklärbecken: Die Bakterien setzen sich als Schlamm ab. Er wird abgesaugt.

Rechenanlage: Grober Schmutz wird aus dem Wasser gesiebt.

Faulturm: Der Klärschlamm verfault. Es entstehen Gase und Dünger, die weiter verwendet werden.

Fluss: Gereinigtes Wasser wird in den Fluss geleitet.

Kleine Kläranlage

1

2

3

1 Führe die Experimente wie auf den Bildern durch. Ist das Wasser nach der Reinigung so sauber, dass es in den Fluss geschüttet werden kann?

2 Vergleiche deine Beobachtung mit den einzelnen Becken einer Kläranlage.

Du brauchst:
- Schmutzwasser mit Papierschnipseln, Salz, kleinen Zweigen, Sand, Öl ...
- Kamm
- Gläser
- flache Schale
- Filter mit Filterpapier

→ AH S. 37

Experimente zum Wasser

Schwimmen und Sinken

Du brauchst:
- zwei Gläser mit Wasser
- 3–4 Teelöffel Salz
- rohes Ei

  1 Was passiert mit einem rohen Ei in Wasser und in Salzwasser? Führe die Experimente durch. Lege eine Tabelle an.

	Wir vermuten:		Wir beobachten:	
	Ei schwimmt	Ei sinkt	Ei schwimmt	Ei sinkt
Wasser				
Wasser mit Salz				

Lösliche und nicht lösliche Stoffe

Du brauchst:
- Gläser
- Wasser
- Löffel
- Zucker, Sand, Mehl, Honig, Schokolade, …

 **2** Was löst sich in Wasser auf? Was ist nicht in Wasser löslich? Führe die Experimente durch. Lege eine Tabelle an.

	Wir vermuten:		Wir beobachten:	
Gegenstand	löslich	nicht löslich	löslich	nicht löslich
Sand				
Zucker				

Zusammengesetzte Wörter mit Wasser

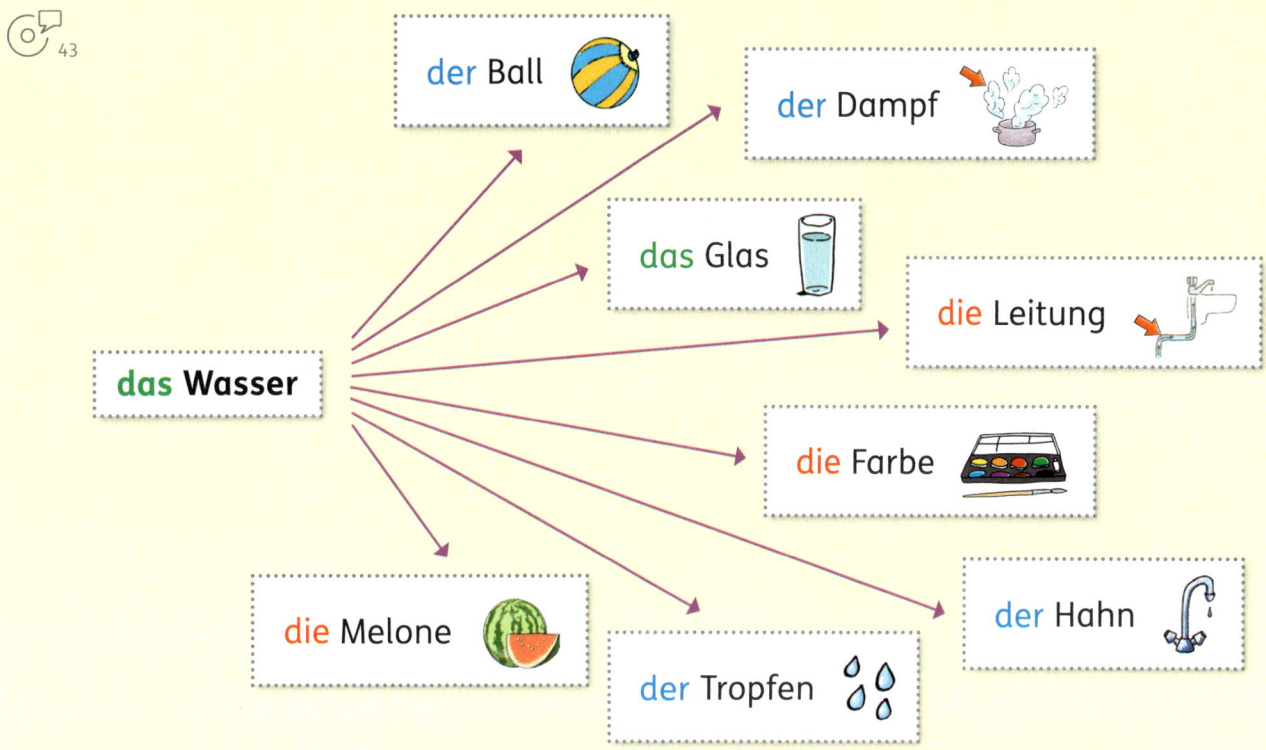

1. Welche zusammengesetzten Wörter mit Wasser kannst du hier bilden? Fallen dir noch mehr Wörter ein?
2. Bilde zu jedem Wasserwort einen Satz.

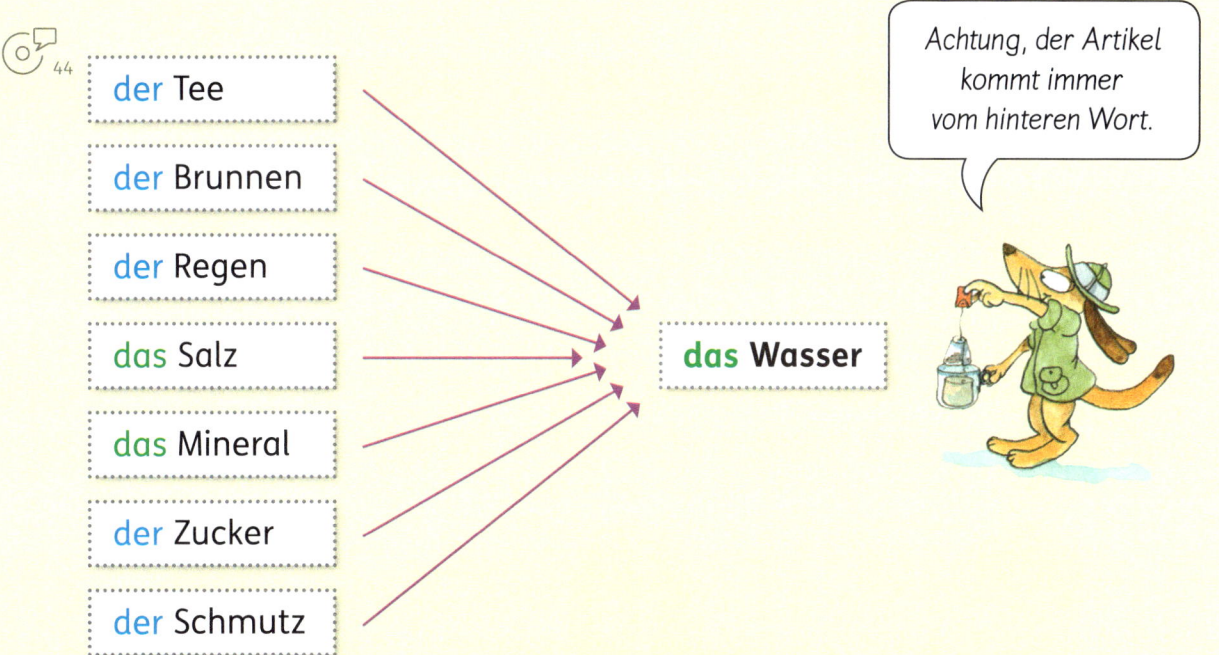

Achtung, der Artikel kommt immer vom hinteren Wort.

3. Welche zusammengesetzten Wörter mit Wasser kannst du hier bilden?
4. Wisst ihr, was die Wörter bedeuten? Fragt nach oder schlagt nach. Erklärt euch die Wörter gegenseitig.

69

So kannst du weiterarbeiten

Wasser verdunsten

Stelle Teller mit Wasser an verschiedenen Orten auf. Es sollte auf allen Tellern die gleiche Menge Wasser sein. Was stellst du nach mehreren Tagen fest?

Wettervorhersage

Schneidet einen Wetterbericht aus der Zeitung aus. Schlüpft in die Rolle eines Meteorologen und präsentiert eine Wettervorhersage wie im Fernsehen.

Wasserkreislauf im Glas

Du brauchst:
- Einmachglas mit Deckel
- kleine Steine, Sand, Erde
- kleine Pflanze
- Wasser

Fülle in das Einmachglas zuerst eine Schicht Steinchen, dann Sand und Erde. Setze deine Pflanze in die Erde und feuchte sie an. Verschließe das Glas luftdicht mit einem Deckel und stelle es auf eine Fensterbank in die Sonne. Beobachte, was passiert.

Bauernregeln zum Wetter

Erkläre folgende Bauernregeln:

Mai kühl und nass, füllt dem Bauern Scheuer und Fass.

Kommt der Frost im Januar nicht, zeigt er im Frühjahr sein Gesicht.

Denke weiter

Wann entsteht ein Regenbogen?

Kann ein Wetterfrosch das Wetter vorhersagen?

Warum soll man kein Meerwasser trinken?

Erfindungen und Erfinder

Erfinder

Wenn ein Erfinder mit einer neuen Erfindung ein Problem lösen möchte, braucht er meistens sehr viel Geduld und viele gute Ideen. Die meisten Erfindungen funktionieren nicht sofort. Oft müssen die Erfinder viele Versuche machen. Manchmal machen sie aber auch zufällig eine Entdeckung. Aus dieser Entdeckung entwickeln sie dann eine neue Erfindung.

Thomas Alva Edison

Thomas Alva Edison wollte eine ungefährliche Lichtquelle für alle Menschen erfinden. Durch die Beleuchtung mit Kerzen entstanden früher häufig Brände.
Edison arbeitete daran, einen Glühfaden zu finden, der in einer Glühlampe lange leuchtet. Er musste mehr als 2000 verschiedene Materialien testen, bevor er 1879 Erfolg hatte. Die Glühlampe leuchtete mit einem verkohlten Baumwollfaden 40 Stunden lang. Nach dieser Entdeckung ließ er die Glühlampe in großen Mengen herstellen.

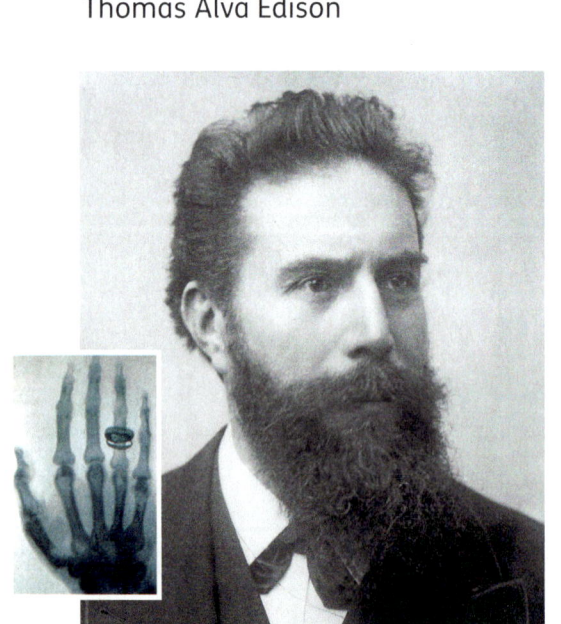

Wilhelm Conrad Röntgen

Im Jahre 1895 machte der Physiker Wilhelm Conrad Röntgen eine sehr wichtige Entdeckung. Beim Experimentieren in seinem Labor entdeckte er durch einen Zufall besondere Strahlen. Mit diesen konnte man in den Körper eines Menschen „hineinschauen" und Knochen sichtbar machen. Nach der Entdeckung dieser Strahlen entwickelte Röntgen ein Gerät zur Durchleuchtung des menschlichen Körpers. Man wusste damals noch nicht, dass die Röntgenstrahlen auch gefährlich sein können.

1. Warum hat sich Edison die Mühe gemacht, so viele Materialien zu testen?
2. Warum ist die Entdeckung der Röntgenstrahlen für die Menschheit wichtig? Erkläre.

Erfinderwerkstatt

Merit, Ali und Rasmus hatten in der Erfinderwerkstatt die Aufgabe, ein Karussell zu bauen. Es sollte sich leicht drehen. Diese drei Karusselle haben die Kinder gebaut.

❶ Plane und baue dein eigenes Karussell. Es soll sich leicht drehen lassen. Sieh dir die Bilder auf der rechten Seite an. Sie geben dir hilfreiche Tipps für dein Modell.

73

Kleidungsverschlüsse

Der Reißverschluss und der Klettverschluss sind geniale Erfindungen. Während an der Erfindung des Reißverschlusses mehrere Erfinder getüftelt haben, wurde der Klettverschluss zufällig von einer Person erfunden.

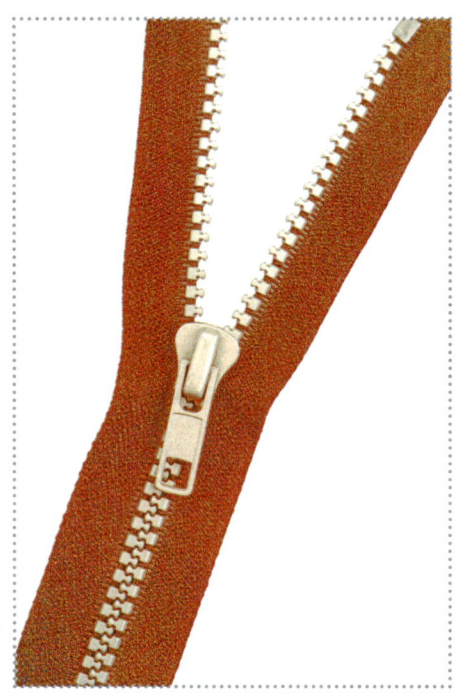

70 Jahre dauerte es, bis der Schwede Gideon Sundbäck den Reißverschluss so weiterentwickelte, dass er ab 1912 in Kleidungsstücken verwendet werden konnte.
Der Reißverschluss besteht aus zwei Seitenteilen und einem Schieber. Die Seitenteile haben Häkchen, die sich miteinander verzahnen, wenn der Schieber hochgezogen wird. Abwechselnd verhakt sich ein Häkchen von rechts mit einem von links. Wird der Schieber wieder herunter gezogen, lösen sich die Häkchen voneinander. Unten und oben hat der Reißverschluss eine Sperre, damit der Schieber nicht abgeht.

Der Klettverschluss wurde von dem Schweizer Ingenieur Georges de Mestral 1951 durch Zufall erfunden. Nach Spaziergängen mit seinem Hund musste er immer wieder Kletten aus dem Hundefell entfernen. Dabei erkannte Georges de Mestral, dass die Klettfrüchte sich immer wieder in Fell und Kleidung verhaken können.

Ein Klettverschluss besteht aus zwei Bändern. Auf dem rauen Band befinden sich viele biegsame Häkchen. Das andere flauschige Band hat feine Schlingen. Beim Zusammendrücken der beiden Bänder verheddern sich die Häkchen mit den Schlingen und schließen sich. Da die Häkchen biegsam sind, kann man beide Seiten wieder voneinander trennen.

1 Erkläre, wie Reißverschlüsse und Klettverschlüsse funktionieren.

2 Wo werden Klettverschlüsse und Reißverschlüsse im Alltag verwendet?

3 Kennst du noch andere Kleidungsverschlüsse?

Wer hat die Jeans erfunden?

Levi Strauss

Jacob Davis

Levi Strauss wanderte vor ungefähr 170 Jahren nach Amerika aus. In dieser Zeit suchten viele Auswanderer in Amerika nach Gold. Levi Strauss nicht, er entwarf für die Goldgräber Arbeitshosen mit besonders stabilen Nähten aus einem robusten Baumwollstoff. Jacob Davis nähte die Hosen und machte sie durch Nieten an den Ecken der Hosentaschen noch haltbarer. Levi Strauss und der Schneider Jacob Davis sind also die Erfinder der Jeans. Ihre erste braune „Nietenhose" kam 1872 auf den Markt. Kurze Zeit später wurden die Jeans aus blauem Stoff gefertigt. Amerikanische Soldaten brachten die Blue Jeans nach dem Zweiten Weltkrieg zu uns nach Deutschland. Zunächst waren Jeans nur bei Jugendlichen beliebt. Die meisten Erwachsenen lehnten die modernen Arbeitshosen ab. Heute gibt es wohl kaum einen Kleiderschrank, in dem man keine Jeans findet.

1. Warum hat Levi Strauss die Jeans erfunden?
2. Vergleiche eine Jeans mit anderen Hosen. Was ist das Besondere an der Jeans?
3. Schau dich auf dem Schulhof um. Zähle, wie viele Kinder Jeans tragen.

Die Erfindung des Papiers

Lange bevor das Papier erfunden wurde, konnten die Menschen schon schreiben. Sie ritzten Zeichen in Stein und Holz oder schrieben auf Tontafeln und Pergament. Pergamente sind besonders behandelte Tierhäute.

Später wurde auf Papyrus geschrieben. Papyrus hat seinen Namen von der Papyruspflanze, einer Art Schilfgras. Hergestellt wurde Papyrus zuerst in Ägypten.

1. Pflanzenstängel wurden in Streifen geschnitten und kreuzweise übereinander gelegt.

2. Dann wurden die Blätter gepresst und getrocknet.

3. Viele Papyrusblätter wurden zusammengeklebt. So erhielt man Schriftrollen.

Das Papier wurde ungefähr vor 2000 Jahren in China erfunden. Es wurde aus Fasern des Maulbeerbaums, aus Hanfabfällen und alten Fischernetzen hergestellt.

Etwa 1000 Jahre später als in China begann man in Europa mit der Herstellung von Papier. Zunächst wurde Papier aus Lumpen hergestellt. Später wurde aus zerkleinertem Holz Zellstoff hergestellt. Zellstoff ist ein wichtiger Bestandteil von Papier.

1 Worauf schrieben die Menschen bevor das Papier erfunden wurde?

2 Wie wurde in Ägypten Papyrus hergestellt? Erkläre.

Papier begegnet uns überall

Wir benutzen täglich viele verschiedene Dinge aus Papier. Papier von einer Küchenrolle ist anders beschaffen als Papier, mit dem wir etwas verpacken, auf das wir schreiben oder mit dem wir unser Pausenbrot einwickeln.

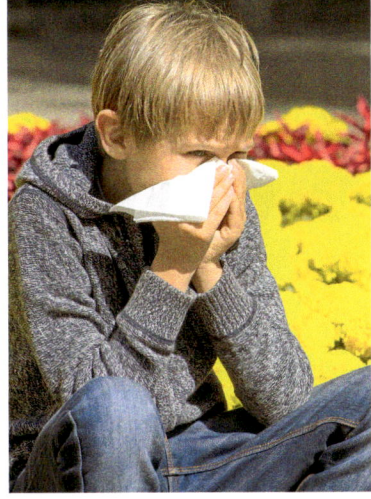

1 Sammelt verschiedene Papiersorten. Untersucht sie: Wie fühlen sie sich an? Wie reißfest sind sie? Wie saugfähig sind sie?

2 Prüfe, womit du auf den verschiedenen Papieren schreiben kannst. Notiere deine Beobachtungen.

3 Wo benutzt du die gesammelten Papiersorten? Lege eine Tabelle an.

Papiersorte	nutze ich für

4 Macht eine Ausstellung mit euren Ergebnissen.

→ AH S. 41, 78

So kannst du weiterarbeiten

Origami

Origami heißt übersetzt „Papier falten". Diese Papierkunst ist sehr alt und kommt aus Japan. Faltet verschiedene Gegenstände aus Papier in Origamitechnik.

Papiercollage

Reiße, schneide oder falte verschiedene Papiersorten in unterschiedliche Formen. Denke dir ein Thema für deine Collage aus. Gestalte zum Beispiel eine Landschaft, Tiere oder Muster. Lege alle Teile komplett zusammen, bevor du mit dem Kleben beginnst.

Etwas Eigenes entwerfen

Überlege, was du entwerfen möchtest, ein T-Shirt, eine Jeanstasche, einen Gürtel, ein Tuch oder einen Schal? Zeichne zunächst deine Idee auf Papier. Sammle passende Materialien für deinen Entwurf, zum Beispiel Verschlüsse Stoffreste, Bänder, Wolle alte Jeans …

Interessante Erfindungen

Welche Erfindung oder welcher Erfinder interessiert dich besonders? Recherchiere dazu.

Tragt eure Informationen zusammen und gestaltet ein Buch dazu.

Denke weiter

Was ist der Unterschied zwischen Entdecker und Erfinder?

Was wäre, wenn es kein Papier gäbe?

Bauen und konstruieren

Brücken aus aller Welt

1. Schau dir die Brücken auf Seite 80/81 an. Welche Brücken würdest du lieber nicht betreten? Begründe.
2. Welche Brücken scheinen dir die sichersten? Begründe.
3. Für wen oder was wurden die Brücken gebaut: Fußgänger, Autos, Züge, Schiffe?

Brücke → AH S. 42

1. Aus welchem Material sind die einzelnen Brücken gebaut? Vermute.
2. Wo hast du schon ähnliche Brücken gesehen? Erzähle.
3. Bei wie vielen Brücken entdeckst du einen Bogen?

→ AH S. 42

Was macht eine Brücke stabil?

Um mit trockenen Füßen über einen Bach zu kommen, braucht man ein Boot oder eine Brücke. Bei einem kleinen Bach reicht ein Baumstamm aus. Wenn der Fluss breiter ist, muss man eine Brücke bauen.

Brücken, die aussehen wie ein Balken, nennt man Balkenbrücken.

Viele Balkenbrücken werden von Pfeilern gestützt.

Wenn die Brücke aber über eine tiefe Schlucht oder einen reißenden Fluss führt, kann man sie nicht überall mit Pfeilern abstützen. Was dann?
Man kann zum Beispiel sehr stabile Brückenteile, sogenannte Träger, bauen.

Was bedeutet ...?

Profil

Ein Profil ist die Ansicht eines Trägers, wenn man auf eines seiner Enden schaut. Beispiel:

❶ Knicke ein Blatt Papier so, dass es sich nicht durchbiegt.

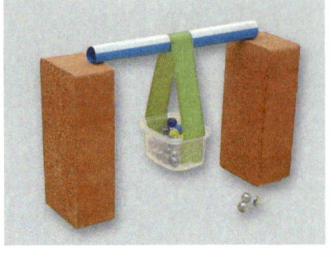

❷ Baue Träger mit verschiedenen Profilen. Teste sie mit schweren Gegenständen.

82 → AH S. 43

Dreiecke sind stabil

51 Eine besondere Form der Balkenbrücke ist die Fachwerkbrücke. Sie heißt so, weil sie an die Bauweise von Fachwerkhäusern erinnert. Die Balken sind immer als Dreiecke angeordnet.

Eine Fachwerkbrücke selber bauen

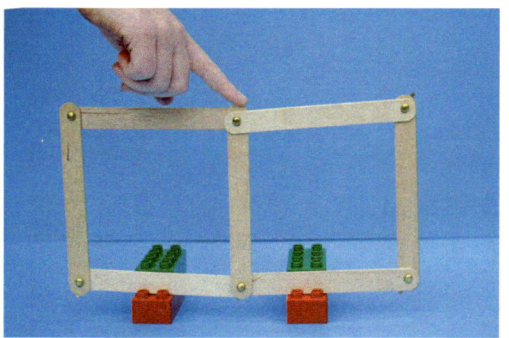 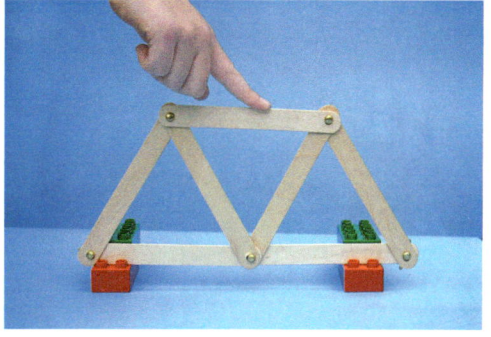

1. Baue aus sieben gelochten Mundspateln diese beiden Modelle nach. Verbinde die Mundspatel mit Musterklammern.

Du brauchst:
- Mundspatel
- Locher
- Musterklammern
- Stützsteine
- Trinkhalme
- Schere
- Pappstreifen

2. Drücke wie auf den Bildern auf dein Modell. Beschreibe, was passiert.

3. Baue diese Brücke nach:
   1. Loche 22 Mundspatel an beiden Enden und verbinde sie mit Trinkhalmen.
   2. Stelle die Brücke auf Pfeiler und lege einen Pappstreifen als Fahrbahn hinein.

Der vielseitige Bogen

52 Viele Brücken haben die Form eines Bogens. Ein Bogen kann mehr tragen als ein gerader Steg und braucht keine Stütze in der Mitte. Der Nachteil: Man steigt erst nach oben und dann wieder herunter (1). Praktischer wäre es, der Weg bliebe immer auf gleicher Höhe. Bei vielen Brücken befindet sich der Bogen deshalb unterhalb der Fahrbahn. Die Fahrbahn steht auf dem Bogen (2). Eine weitere Möglichkeit: Die Fahrbahn hängt am Brückenbogen (3). Bei einigen Brücken ist die Fahrbahn mitten im Bogen (4).

Eine Bogenbrücke selber bauen

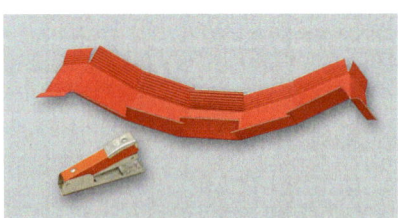
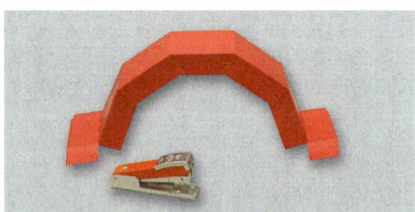

Knicke die Seiten des Streifens nach oben und schneide sie 5 x in gleichem Abstand ein.

Forme den Streifen zu einem Bogen und fixiere ihn, wie auf dem Bild, mit einem Tacker.

Du brauchst:
- einen Streifen Wellpappe (etwa 50 cm)
- Tacker
- Schere

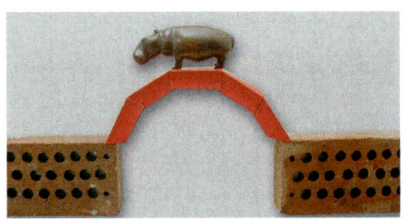
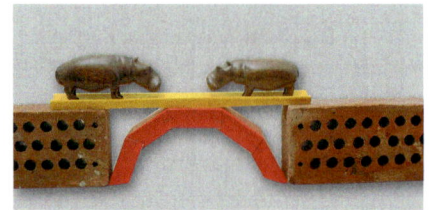

1 Baue diese Bogenbrücke nach.

Hängende Brücken

1

2

3

Die abenteuerlichste Brücke der Welt überspannt einen Gebirgsfluss in Peru (1). Sie ist ganz aus Gras geflochten. Alle zwei Jahre muss sie erneuert werden. Eine Seilbrücke wie die Grasbrücke in Peru ist sehr wackelig. Die Brücke hängt durch. Der Weg führt erst nach unten und dann wieder nach oben. Moderne Hängebrücken sind so gebaut, dass die Fahrbahn nicht durchhängt. Dafür braucht man zusätzliche Pfeiler, zwischen denen Tragseile gespannt sind (2). An den Seilen wird die Fahrbahn aufgehängt – wie bei der berühmten Golden Gate Brücke.
Bei Schrägseilbrücken (3) ist die Fahrbahn an hohen Pfeilern aufgehängt.

1 Wie unterscheiden sich diese drei Brücken? Woraus sind sie gebaut?

Eine Hängebrücke selber bauen

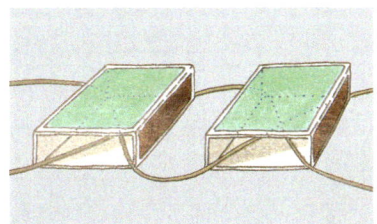
Führe zwei Fäden immer kreuzweise durch die Hüllen.

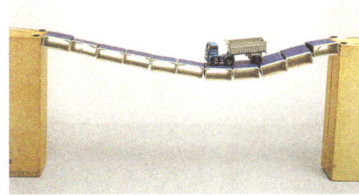
Befestige die Fadenenden an den Pfeilern.

Du brauchst:
- 12–20 Streichholzschachteln
- Faden
- zwei Pfeiler
- Reißzwecken oder Klebestreifen

2 Baue diese Hängebrücke nach.

3 Erfinde eine eigene Hängebrücke. Mache eine Skizze und baue sie.

So kannst du weiterarbeiten

Körperbrücke

Bilde mit deinem Körper eine Brücke.

Brücken-Ausstellung

Macht eine Ausstellung mit Bildern und selbst gebastelten Modellen von berühmten und besonderen Brücken, zum Beispiel Zugbrücken, Drehbrücken, Klappbrücken.

Eine Fachwerkbrücke aus Papier

Baue dir eine Fachwerkbrücke. Knicke einen langen Papierstreifen wie auf dem Bild und klebe die Dreiecke auf der Ober- und Unterseite mit Klebestreifen aneinander.

Zauberkarton

Bastelt euch so einen Zauberkarton.

Denke weiter

Wie kann man mitten in einem tiefen Fluss einen Brückenpfeiler bauen?

Was kann eine Brücke zum Einsturz bringen?

Meine Zeit

Meine Freizeit

In deiner Freizeit kannst du dich erholen und entspannen. Es gibt viele Dinge, die du in dieser Zeit machen kannst: dich mit deinen Freunden treffen, Fußball spielen, fernsehen, ein Buch lesen oder einfach mal faulenzen. Damit du deine Freizeit gut nutzt, solltest du dir überlegen, was du gern tun möchtest, und dir die Zeit einteilen.

1 Timo hat eine Stunde Freizeit. Was würdest du ihm raten, wie er die Stunde verbringen soll?
Was würde Timos Mama ihm raten? Vermute.

2 Wobei entspannst du dich? Erstelle eine Mindmap.

→ AH S. 45

Viele Hobbys

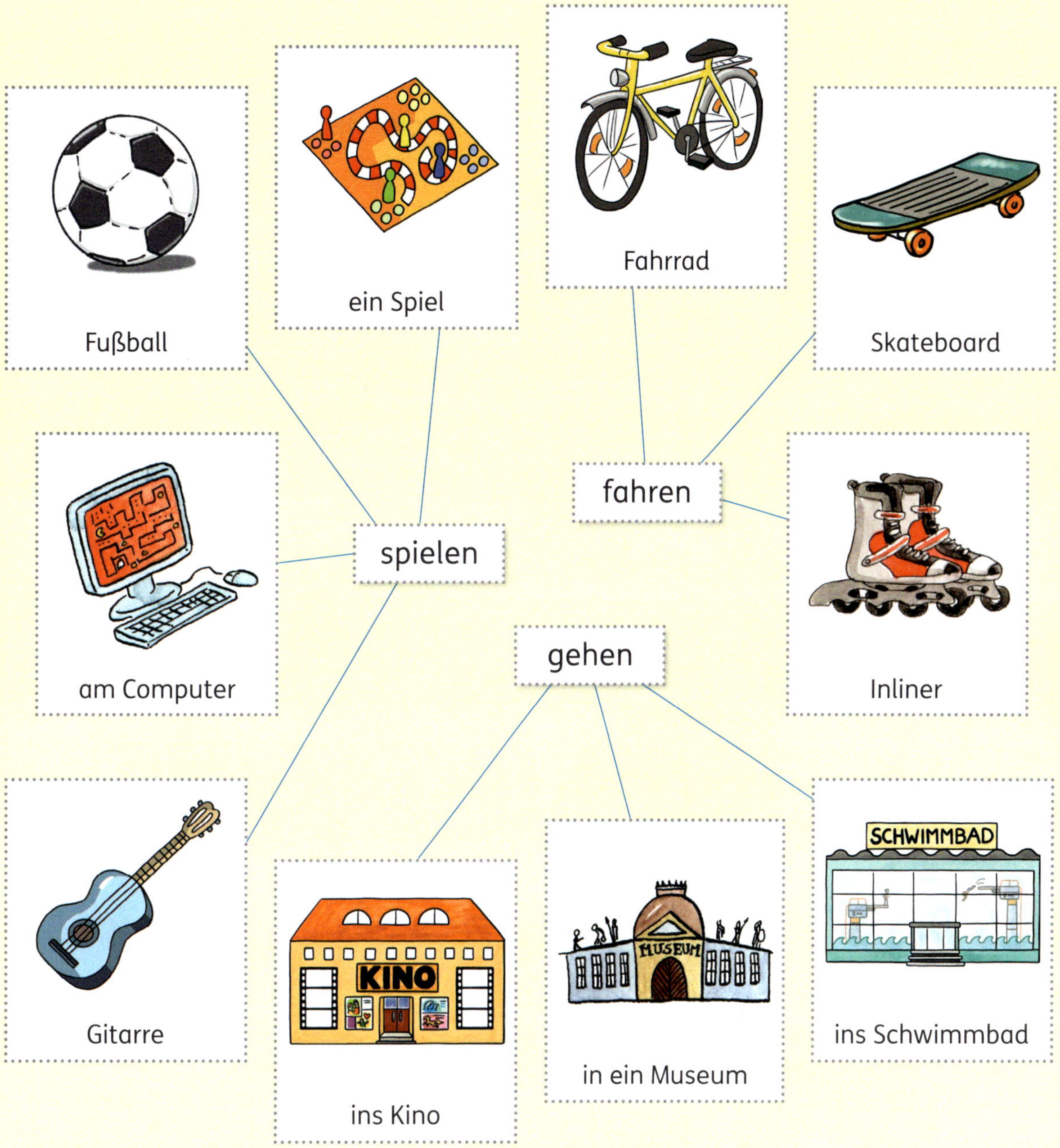

spielen: Fußball, ein Spiel, am Computer, Gitarre

fahren: Fahrrad, Skateboard, Inliner

gehen: ins Kino, in ein Museum, ins Schwimmbad

1 Was machst du gerne? Was machst du nicht gerne? Lies die Wörter.
Sprich mit deinem Partner darüber.

Ich **spiele** gerne **Fußball**.

Ich **gehe** gerne ins **Kino**.

Ich **fahre** nicht gerne **Skateboard**.

…

2 Welche Hobbys habt ihr?
Macht eine Umfrage in der Klasse.

Hobby	Wie viele Kinder …
turnen	I
basteln	IIII
singen	I
reiten	II

Mein Plan für die Woche

56 Manchmal hast du in einer Woche sehr viel vor: Training, Zahnarzt, Besuch von Oma, Spielen mit deinen Freunden. Deinen Plan für die Woche kannst du in einem Kalender aufschreiben. Der Kalender hilft dir, dich an alle Termine zu erinnern.

Emmas Wochenplan

:	Montag	Dienstag	Mittwoch	Donnerstag	Freitag	Samstag	Sonntag
12 Uhr						Geburtstagsfeier Mila	Fahrradtour
13 Uhr	Zahnarzt						Fahrradtour
14 Uhr			Inliner fahren mit Lisa				Fahrradtour
15 Uhr			Inliner fahren mit Lisa				Fahrradtour
16 Uhr	Reiten				Spielen mit Ole		
17 Uhr	Reiten				Spielen mit Ole		
18 Uhr							Oma kommt
19 Uhr							
20 Uhr					Übernachten bei Susi		

1. Was hat Emma in dieser Woche vor? Welcher Wochentag könnte für sie der schönste sein? An welchem Wochentag hat sie das meiste vor? Erzähle.

2. Donnerstag ruft Emmas Oma an. Sie will schon Freitag um 16.00 Uhr kommen. Was soll Emma ihr antworten? Ist es schlimm, wenn sich der Plan für die Woche ändert? Erkläre.

3. Gestalte deinen eigenen Plan für eine Woche. Vergleiche ihn mit einem Partner.

Der Lebensfluss

1. Beschreibe den Lebensfluss. Benenne die Ereignisse.
2. Warum wird das Leben hier als Fluss dargestellt? Vermute.
3. Male deinen eigenen Lebensfluss bis heute. Was denkst du, wie geht er weiter?
4. Führe ein Interview mit deinen Freunden, Eltern und Großeltern. Stelle die Frage: „Ab wann ist man alt?"

So kannst du weiterarbeiten

Zeiträuber

Zeiträuber gibt es überall, sei es das Warten im Wartezimmer oder die Werbung. Schreibe alles in deinem Umfeld auf, was dir Zeit raubt. Auch andere Menschen können Zeiträuber sein.

Freizeit-ABC

Gestalte ein Freizeit-ABC und schreibe zu jedem Buchstaben eine Freizeitbeschäftigung auf, wie zum Beispiel A – Angeln gehen.

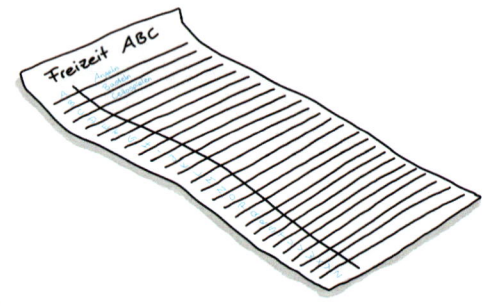

Redewendungen

Was bedeuten diese Redewendungen? Gestalte dazu Bilder. Macht eine Ausstellung.

Die Zeit heilt alle Wunden.

Zeit ist kostbar.

Die Zeit verfliegt.

Zeit ist Geld.

Denke weiter

Vergeht die Zeit wirklich langsamer, wenn man sich langweilt?

Wie kann ich jemandem Zeit schenken?

Was bedeutet das Wort „zeitlos"?

→ AH S. 45

Vergangenheit, Gegenwart und Zukunft

Leben in der Steinzeit

Die Steinzeit ist ein früher Abschnitt in der Geschichte des Menschen. Sie begann vor etwa drei Millionen Jahren mit der Altsteinzeit.

1. Um an Essen zu kommen, gingen die Menschen auf die Jagd. Die Jagd war gefährlich und brauchte viel Zeit. Kam der Jäger ohne Beute zurück, hatte die Familie wenig zu essen.

2. Außerdem fanden die Menschen ihre Nahrung in der Natur. Sie sammelten Beeren, Kräuter, Wurzeln, Honig und Insekten.

3. Aus Ästen, Fellen und Knochen bauten die Menschen ihre ersten Hütten.

1 Beschreibe das Leben der Menschen in der Altsteinzeit.

4 Für die Menschen der Steinzeit war das Feuer sehr wichtig. Am Feuer konnten sie sich wärmen und Fleisch garen. Mit Feuer konnten sie wilde Tiere fernhalten und verjagen.

5 Die Steinzeitmenschen bemalten Höhlenwände. Die Farben stellten sie aus Holzkohle, Erde und Pflanzen her. Meistens malten sie Tiere, zum Beispiel Mammuts oder Hirsche, und machten Handabdrücke.

1 Vergleiche das Leben in der Altsteinzeit mit heute. Achte dabei auf Kleidung, Wohnung und Nahrung.

Der Steinzeitmensch

Die Menschen in der Altsteinzeit, die sogenannten Frühmenschen, waren klein, hatte eine breite Nase und eine niedrige Stirn. Immer wieder zogen sie mit ihrer Horde an Orte, wo sie etwas zu essen fanden und sicher leben konnten.

Aus Holz, Leder und Stein stellten die Frühmenschen Werkzeuge her. Der Faustkeil ist dabei das älteste Werkzeug. Mit einer Nadel aus Knochen und Lederstreifen als Faden konnten sie Tierfelle zu Kleidung verarbeiten.

1 Beschreibe das Aussehen des Frühmenschen. Finde Unterschiede und Gemeinsamkeiten zum Aussehen der Menschen von heute.

2 Woraus stellten die Menschen früher ihr Werkzeug her?

3 Warum wird die Steinzeit „Steinzeit" genannt?

Was bedeutet …?

Horde

Eine Horde ist eine Gruppe aus mehreren Familien, welche umherzieht und keinen festen Wohnort hat.

Fantasiesprache zur Steinzeit

Hullu! Uch bun Nuku. Und wu huβt du, klunus Hurnchun?

Uch huβu Hugu Hurnchun. Wu guht us dur hutu?

1. Lest die Sprechblasen erst leise und dann laut.
2. Wie ist die Steinzeit-Geheimsprache gemacht? Erkläre.
3. Schreibe einen einfachen Satz auf. Schreibe ihn dann noch einmal in der Steinzeit-Geheimsprache auf und lies ihn einem anderen Kind vor. Konnte das Kind dich verstehen?
4. Wozu ist eine Geheimsprache gut? Wann kannst du sie einsetzen?

Spuren der Vergangenheit

Wie die Menschen in der Steinzeit gelebt haben, kann man nicht genau sagen, da mehrere tausend Jahre vergangen sind. Vieles aus der Zeit ist verrottet. Trotzdem wissen wir einiges über diese Zeit.

Bei Ausgrabungen entdeckten Archäologen zum Beispiel Knochen von Menschen und Tieren, Werkzeuge, Gefäße und Waffen. Wie ein Puzzle setzten sie einzelne Teile zusammen und erfuhren so etwas über die Steinzeit. Auch Höhlenmalereien wurden gefunden.

Besonders wertvoll für die Forscher war der Fund eines im Eis eingefrorenen Steinzeitmenschen. Sie nannten ihn später Ötzi. Durch das Eis waren alle Gegenstände, seine Kleidung und er selbst sehr gut erhalten.

Archäologe bei einer Ausgrabung

ausgegrabene Scherben von Gefäßen

Höhlenmalerei

Ötzi, der im Eis eingefrorene Steinzeitmensch

1. Woher wissen wir heute, wie die Menschen in der Steinzeit lebten?
2. Wieso braucht ein Archäologe viel Geduld?
3. Warum ist der Fund von Ötzi so wertvoll?

Etwas über eine Zeit zu erfahren, die nicht so lange zurückliegt, ist einfacher. Es gibt viele Quellen, zum Beispiel Fotos, Filmaufnahmen, Gebäude, Gegenstände, Karten, Schriftstücke. Manchmal kann man auch Menschen befragen, die zu dieser Zeit gelebt haben.

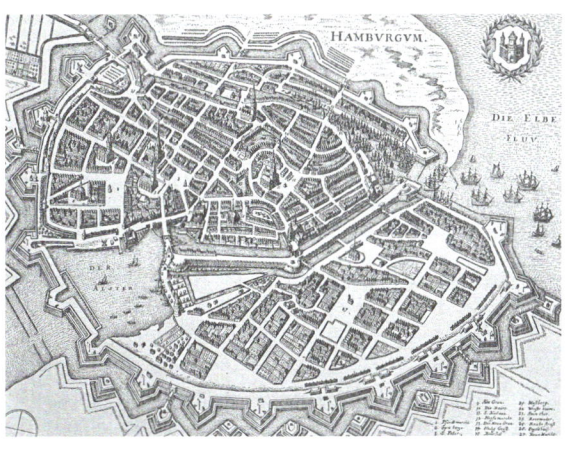

1 Was kann alles eine Quelle sein?

2 Erkundet in eurem Ort Spuren der Vergangenheit. Zeichnet oder macht Fotos. Gestaltet ein Plakat.

→ AH S. 47

Schule früher

Die Schule hat sich verändert. Vor etwa 100 Jahren haben Mädchen und Jungen nur in der Grundschulzeit zusammen gelernt. Danach gab es reine Mädchenklassen und reine Jungenklassen.
Alle trugen Schuluniformen.
In der Schule wurde Sütterlinschrift gelernt. Die Lehrer waren sehr streng und durften die Kinder mit Stockschlägen bestrafen.

Schuluniform vor etwa 100 Jahren

Poesiealbum in Sütterlinschrift

Zeit	Montag	Dienstag	Mittwoch	Donnerstag	Freitag	Samstag
7.30–8.30	Religion beim Pfarrer	Religion	Geschichte	Religion beim Pfarrer	Biblische Geschichten	Naturlehre
8.30–9.30	Rechnen	Geographie	Naturbeschreibung	Rechnen	Geographie	Naturbeschreibung
9.30–10.30	Lesen	Rechtschreiben	Aufsatz	Lesen	Rechtschreiben	Aufsatz
10.30–11.30	Raumlehre und Rechnen	Rechnen		Raumlehre und Rechnen	Rechnen	
1–2	Sprachlehre	Schönschreiben		Schönschreiben	Zeichnen	
2–3	Singen	Turnen bzw. Handarbeiten		Singen	Turnen bzw. Handarbeiten	

Stundenplan vor etwa 100 Jahren

1. Erzähle, was du über die Schule vor 100 Jahren erfahren hast.
2. Vergleiche den Stundenplan von früher mit deinem Stundenplan von heute.
3. Gestalte eine Mindmap zu „Schule früher".
4. Bereite ein Interview vor und befrage deine Eltern oder Großeltern zu ihrer Schulzeit.

Zukunft

Zukunft ist die Zeit, die auf die Gegenwart folgt. Wie die Zukunft verläuft, ist ungewiss. Menschen, die sich etwas für morgen, nächste Woche oder nächstes Jahr vornehmen, planen so ihre Zukunft.

1. Was möchte Timo in der Zukunft erreichen?
2. Überlege dir, was du gerne in der Zukunft erreichen möchtest. Male oder schreibe.
3. Ist es wichtig, über seine Zukunft nachzudenken? Diskutiert darüber.

So kannst du weiterarbeiten

Steinzeit-Werkzeuge herstellen

Baut aus einem Stock, einem Stein und Faden einen Hammer. Probiert eure Werkzeuge aus.

Bau einer Mini-Steinzeithütte

Baue aus Ästen und Leder eine Steinzeithütte. Richte die Luft aus einem Haartrockner darauf und sprühe dann Wasser darüber, um zu testen, ob deine Hütte auch ein Unwetter aushält.

Wort-Bild

Stelle zu dem Wort „Zeit" ein Wort-Bild her. Male dafür ein passendes Bild und schreibe in das Bild das Wort viele Male hinein.

Zeit Zeit Zeit Zeit Zeit
Zeit Zeit Zeit Zeit Zeit
Zeit Zeit Zeit Zeit
Zeit Zeit Zeit
Zeit Zeit Zeit
Zeit Zeit
Zeit
Zeit
Zeit
Zeit Zeit
Zeit Zeit Zeit
Zeit Zeit Zeit
Zeit Zeit Zeit Zeit
Zeit Zeit Zeit Zeit Zeit
Zeit Zeit Zeit Zeit Zeit

Malen auf Stein

Bemale mit Farben, die du aus Pflanzensaft oder Holzkohle gewinnst, einen Stein.

Denke weiter

Warum soll ich über meine Vergangenheit nachdenken?

Was sind Zeitzeugen?

Wann beginnt die Zukunft?

Unterwegs im Verkehr

Sicher mit dem Fahrrad unterwegs

Wenn du mit dem Fahrrad unterwegs bist, kannst du einiges für deine Sicherheit tun. Zunächst müssen alle Teile an deinem Fahrrad vorhanden sein und funktionieren.

1 Überprüfe dein Fahrrad mithilfe des Bildes. Was fehlt? Funktioniert alles?

Beim Radfahren musst du einen Helm tragen. Er muss richtig sitzen. Achtung! Ein heftiger Sturz bedeutet: Du brauchst einen neuen Helm!

2 Überprüfe, ob dein Helm richtig sitzt.

3 Was hast du heute an? Kann man dich damit im Dunkeln gut sehen?

Verkehr, Fahrrad → AH S. 49, 50

Verkehrszeichen

🔊₆₅ Du musst Verkehrszeichen kennen, um sicher im Straßenverkehr unterwegs zu sein.

An Form und Farbe erkennst du, ob Zeichen vor Gefahren warnen, etwas vorschreiben oder etwas verbieten.

Halt! Vorfahrt gewähren:
Du musst anhalten und die Vorfahrt beachten.

Vorfahrt gewähren:
Du darfst nur fahren, wenn die Vorfahrtsstraße frei ist.

Kreuzung oder Einmündung:
An der nächsten Kreuzung hast du Vorfahrt.

Vorfahrtsstraße:
Auf dieser Straße hast du Vorfahrt.

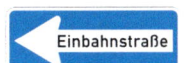
Vorgeschriebene Fahrtrichtung:
Der Pfeil zeigt die Richtung, in der du die Straße befahren darfst.

Fußgängerüberweg:
Autos müssen anhalten. Fußgänger dürfen die Straße überqueren.

Diese Zeichen sind für dich als Radfahrer besonders wichtig:

Hier dürfen Radfahrer fahren:

Radweg

Gemeinsamer Fuß- und Radweg

Getrennter Rad- und Fußweg

Hier dürfen Radfahrer nicht fahren:

Verbot für Radverkehr

Verbot für Fahrzeuge aller Art

Gehweg

❶ Was bedeuten diese Verkehrszeichen?
❷ Welche Verkehrszeichen gibt es auf deinem Schulweg?
❸ Wie verhältst du dich als Radfahrer bei diesen Zeichen richtig?

→ AH S. 51

Rechts vor links

StVO § 8

An Kreuzungen und Einmündungen hat die Vorfahrt, wer von rechts kommt. Das gilt nicht,
1. wenn die Vorfahrt durch Verkehrszeichen besonders geregelt ist oder
2. für Fahrzeuge, die aus einem Feld- oder Waldweg auf eine andere Straße kommen.

1 Lies den Absatz aus der Straßenverkehrsordnung (StVO). Besprich nun die oben gezeigten Verkehrssituationen mit deinem Partner:
- Wer kommt von rechts?
- Wer hat Vorfahrt?
- Wer muss hier warten?

2 Wie verhaltet ihr euch in diesen Situationen?
Spielt die Situationen in einem Rollenspiel nach.

Vorfahrtsregeln durch Verkehrszeichen

An Kreuzungen mit viel Verkehr reicht die Regelung „rechts vor links" nicht aus. Hier regeln Verkehrszeichen die Vorfahrt.

Vorfahrt an der nächsten Kreuzung — Vorfahrtsstraße — Halt! Vorfahrt gewähren — Vorfahrt gewähren

1 Wie verhältst du dich bei diesen Zeichen?

2 Suche auf deinem Schulweg Kreuzungen mit diesen Verkehrszeichen.

3 Wie verhalten sich diese Verkehrsteilnehmer richtig? Begründe.

Abknickende Vorfahrt

Eine Vorfahrtsstraße verläuft nicht immer gerade. Zusatzschilder zeigen dir den Verlauf der Vorfahrtsstraße an. Auf der Straße kannst du den Verlauf an der dicken, durchbrochenen weißen Linie erkennen.

4 Was bedeuten diese Zeichen?

5 Du bist der Radfahrer. Wie verhältst du dich?

→ AH S. 53, 79

So kannst du weiterarbeiten

Plakat zu Fahrradmodellen

Sucht aus Zeitschriften und Werbebroschüren unterschiedliche Fahrradmodelle heraus und gestaltet ein **Plakat**.

Spiel: Verkehrssicherheit

Stelle verschiedene Verkehrssituationen dar und übe mit deinem Partner. Bringe dafür Modellautos mit und zeichne eine Kreuzung.

Zeichen erfinden

Du kannst eigene Zeichen erfinden, und die anderen Kinder raten lassen, was sie bedeuten (zum Beispiel Warnung vor Gespenstern, Verbot für Elefanten). Betrachte diese Schilder. Was sagen sie uns?

Was bin ich? – Verkehrszeichenspiel

Bastle ein kleines Verkehrszeichen und hefte es deinem Spielpartner an den Rücken. Dein Partner muss durch Fragen herausfinden, welches Verkehrszeichen er am Rücken hat. Du antwortest nur mit „Ja" oder „Nein".

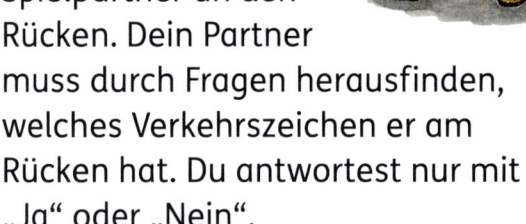

Denke weiter

Warum gibt es an Ampeln auch vorfahrtsregelnde Verkehrszeichen?

Was musst du tun, wenn du ein Fahrzeug mit Warnsignal hörst?

Wir orientieren uns

Vom Luftbild zur Karte

Schrägbild

So sieht eine Stadt von schräg oben aus. Kleine Einzelheiten sind nicht genau zu erkennen. Markante Orientierungspunkte sind aber deutlich sichtbar.

Satellitenfoto

Um eine Karte zu erstellen, muss man den Raum aus der Vogelperspektive, also von oben darstellen. Karten werden mithilfe von Luftbildern, zum Beispiel Satellitenbildern, erstellt.

Was bedeutet ...?

Satellit

Satelliten sind Flugkörper, die mit Raketen ins Weltall geschossen werden. Sie umkreisen auf einer festen Umlaufbahn die Erde. Sie messen, fotografieren und schicken diese Daten zur Erde.

1 Vergleiche das Schrägbild mit dem Satellitenfoto. Was fällt dir auf?

110 → AH S. 56/57, 80

Auf einer Karte ist alles verkleinert und vereinfacht abgebildet. Um so viele Informationen wie möglich in einer Karte darstellen zu können, verwendet man Kartenzeichen, verschiedene Farben, Linien und Schriftarten. Die Zeichen werden in einer Legende erklärt. Jede Karte hat eine Legende.

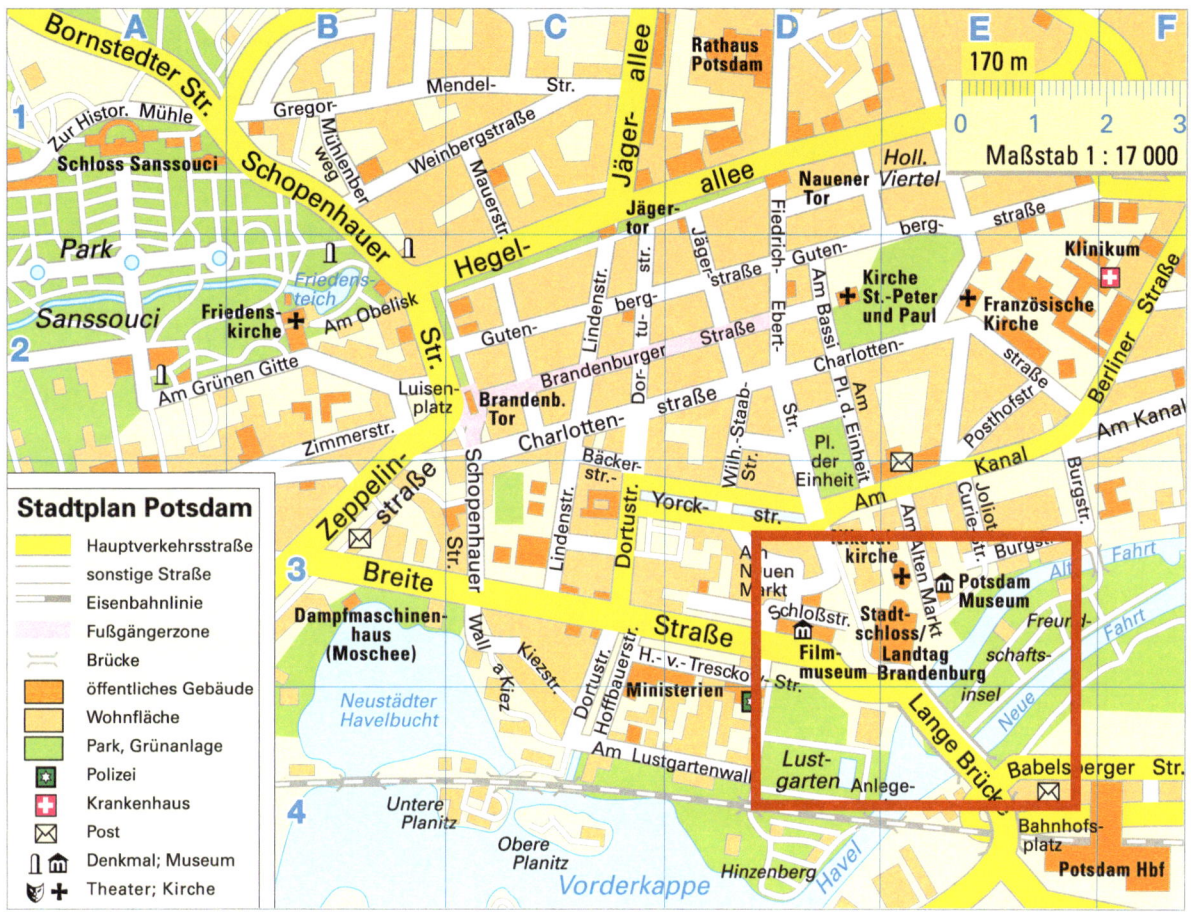

Damit man sich auf einer Karte orientieren kann, ist sie in viele Quadrate eingeteilt. Diese nennt man Planquadrate. Am oberen Rand der Karte sind sie mit Buchstaben gekennzeichnet und am linken Rand mit Zahlen. So kann man jedes Planquadrat genau benennen. Den Buchstaben nennt man immer zuerst. Auf dieser Karte findest du zum Beispiel im Planquadrat D1 das Rathaus.

1. In welchen Planquadraten findest du die Friedenskirche?
2. Beschreibe den Weg vom Filmmuseum (D3) zum Bahnhof (E4).
3. Suche eigene Fragen zu den Planquadraten. Stelle sie deinem Partner.
4. Vergleiche das Satellitenfoto von Seite 110 mit der Karte. Was fällt dir auf?

→ AH S. 56/57, 58, 59, 80   Landkarte

Maßstab

Auf einer Karte wird alles viel kleiner dargestellt als in Wirklichkeit. Ein Maßstab gibt an, um wie viel eine Zeichnung im Vergleich zur Wirklichkeit verkleinert wurde.

Der Radiergummi ist in Wirklichkeit und auf dem Bild 4 cm lang. Der Maßstab ist 1:1.

Im Maßstab 1:2 ist der Radiergummi auf dem Bild nur halb so groß. 1 cm auf dem Bild, bedeutet 2 cm in Wirklichkeit.

Im Maßstab 1:4 ist der Radiergummi auf dem Bild nur noch 1 cm lang.

1 Zeichne deinen Bleistift im Maßstab 1:2.

Dieses Krankenhaus ist in Wirklichkeit 20 Meter breit.
Es muss sehr stark verkleiner werden, damit es auf eine Karte passt.

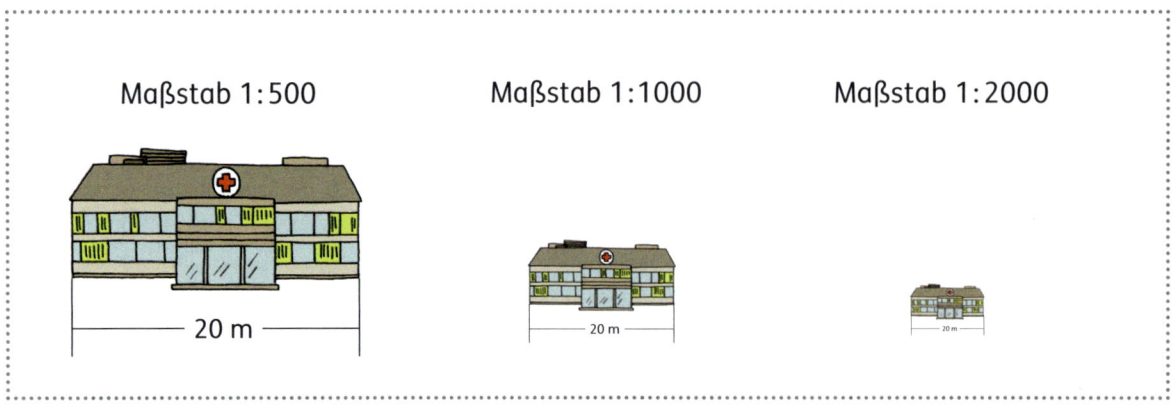

2 Vergleiche diese drei Bilder und ihre Maßstäbe. Was stellst du fest?

→ AH S. 60

Himmelsrichtungen

🗨️ 71 Eine Windrose zeigt alle Himmelsrichtungen: Norden, Osten, Süden und Westen.

1 Was bedeuten NO, SW, SO, NW?

Du kannst die Himmelsrichtungen am Stand der Sonne erkennen.

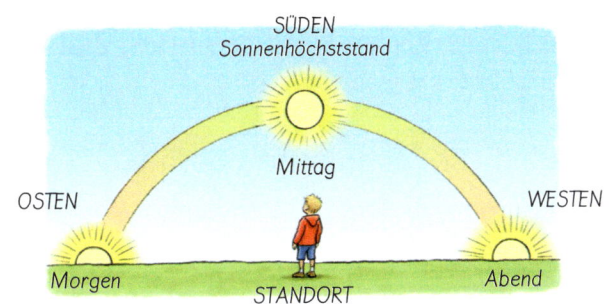

Dieser Spruch hilft dir:

Im Osten geht die Sonne auf.
Im Süden nimmt sie ihren Lauf,
Im Westen wird sie untergehen,
Im Norden ist sie nie zu sehen.

Mit einem Kompass kannst du die Himmelsrichtungen genau bestimmen.
Er hat eine magnetische Nadel, deren Spitze immer nach Norden zeigt.
So kannst du die Himmelsrichtungen bestimmen:

1. Halte den Kompass ruhig und waagerecht.
2. Drehe das Gehäuse, bis das N genau in die gleiche Richtung zeigt, wie die farbige Nadelspitze.
3. Lies die Himmelsrichtungen auf dem Gehäuse ab.

So kannst du eine Karte einnorden:

1. Lege den Kompass mit der Anlegekante an den rechten Kartenrand.
2. Drehe die Karte mit dem Kompass so lange, bis die Nadel exakt zum oberen Kartenrand zeigt.
3. Nun entspricht die Lage der Karte der Realität.

Ich kenne eine Eselsbrücke:
<u>N</u>ie <u>o</u>hne <u>S</u>eife <u>w</u>aschen

2 Wie kannst du mit dem Kompass die Himmelsrichtungen bestimmen? Erkläre.

3 Stellt euch vor euren Schuleingang. Bestimmt mit dem Kompass, wo Norden ist. Was seht ihr im Westen und Osten?

→ AH S. 61

Ich finde den Weg

Satellit

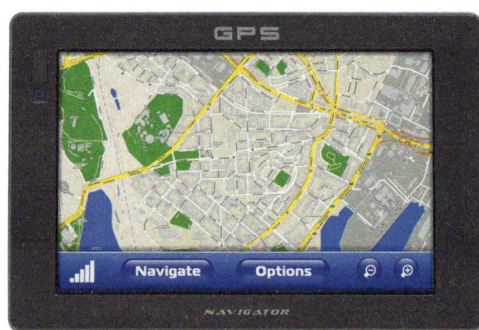
Navigationssystem

Früher orientierten sich die Menschen nur mit Landkarten und einem Kompass. Heute geschieht dies vor allem mit technischen Geräten. Es gibt kaum ein Auto ohne Navigationsgerät. Auch ein Handy, ein Tablet oder ein Computer helfen uns, den Weg zu einem Ziel zu finden.

Alle diese technischen Geräte arbeiten mit GPS. Die Basis für GPS sind viele Satelliten. Sie umkreisen in einer Höhe von ungefähr 20 000 Kilometern die Erde. Das ist ungefähr doppelt so hoch, wie ein Flugzeug fliegt.

Die Satelliten senden Signale an alle GPS-Empfänger. Die Signale bestehen aus einer genauen Zeit- und Ortsangabe. So kann jeder mit einem GPS-Gerät seinen genauen Standort erfahren und sich den Weg zu einem Zielort anzeigen lassen.

Was bedeutet …?

GPS (sprich: Dschi pii ess)

GPS = **G**lobal **P**ositioning **S**ystem (*englisch*) Das heißt: weltweites Positionsbestimmungssystem.

Gewusst?

Seit 2014 gibt es Sportschuhe mit eingebautem Navigationsgerät. Sie zeigen dem Läufer nicht nur den richtigen Weg, sondern zählen auch die Schritte und den Kalorienverbrauch des Läufers. Forscher arbeiten auch an Brillen für Fußgänger, Radfahrer und Skifahrer mit Navigationsgeräten.

1 Welche Hilfsmittel kannst du nutzen, um dich im Gelände oder auf der Straße zu orientieren? Nenne drei verschiedene Orientierungshilfen.

2 Welche Geräte mit GPS gibt es?

3 Unter welchen Voraussetzungen würdest du ein GPS-Gerät wählen, um dich zu orientieren? Erzähle.

Geocaching

Was bedeutet ...?

Geocaching

Geo = Erde
Cache = Versteck, geheimes Lager

Geocaching ist eine Schatzsuche. Es gibt aber keine Schatzkarte. Man sucht mit einem GPS-Gerät oder einem Smartphone. Zur Suche braucht man Koordinaten. Das sind zwei Zahlen, die ganz genau einen Ort auf der Erde angeben.

Woher wissen wir denn, wo wir den Schatz suchen müssen?

Ich habe mir im Internet die Koordinaten des Caches heruntergeladen.

Hier muss es sein. Irgendwo an der Brücke.

Vielleicht unter dem Pfeiler?

Ich habe etwas gefunden! Können wir das jetzt behalten?

In das Logbuch tragen wir uns ein. Das Pferd dürfen wir mitnehmen. Wir müssen aber einen neuen Schatz hineinlegen.

Jetzt verstecken wir ihn wieder an der gleichen Stelle.

Das war toll. Danke Ole!

1 Lies den Comic und erkläre, wie Geocaching funktioniert.

2 Wo würdest du deine Schatzkiste verstecken? Sie darf nicht so leicht gefunden werden. Überlege dir Verstecke in der Natur. Schreibe sie auf.

3 Was würdest du als Tauschgegenstand in die Schatzkiste legen?

Wir erkunden unseren Heimatort

Die 3. Klasse der Grundschule Allensbach möchte ihrer Partnerschule ihren Wohnort vorstellen. Sie haben recherchiert und einen Steckbrief ihres Ortes erstellt.

Mein Heimatort:	Allensbach
Bundesland:	Baden-Württemberg
Einwohnerzahl:	7 088
Sehenswürdigkeiten:	Nikolauskirche, Schloss Freudental
Besonderheiten:	Lage am Bodensee
nächster großer Ort:	Konstanz
Kfz-Kennzeichen:	KN
Freizeiteinrichtungen:	Wild- und Freizeitpark Allensbach mit Parkeisenbahn

❶ Wie sind die Kinder zu ihren Informationen gekommen?

❷ Was wisst ihr über euren Ort? Sammelt Informationen in einer Mindmap.

❸ Findet weitere Informationen über euren Heimatort. Erstellt daraus einen Steckbrief.

In meinem Ort gefällt mir am besten das Eiscafé!

Ein Ort verändert sich

Im Laufe der Zeit kann sich ein Ort sehr stark verändern. Auf alten Karten kannst du sehen, wie die Orte früher ausgesehen haben. Manchmal gibt es auch Ortschroniken, die die Geschichte des Ortes festgehalten haben.

Grabenfurt ist an einem Fluss entstanden. Hier gab es eine flache Stelle, die sogenannte Furt. Durch diese Furt konnten die Händler mit ihren Wagen fahren. Einige Händler bauten sich an dieser Stelle Häuser, ließen sich nieder und verkauften hier ihre Waren.

Im Laufe der Zeit siedelten sich immer mehr Menschen an. Eine Kirche wurde errichtet. Handwerksbetriebe, Herbergen und Gaststätten entstanden. Über den Fluss wurde eine Brücke gebaut, sodass Pferdekutschen und Wagen bequemer fahren konnten. Zum Schutz vor feindlichen Überfällen wurde eine Stadtmauer errichtet.

Der Fluss wurde im Laufe der Zeit begradigt. Viele Straßen entstanden. Aus dem Dorf wurde eine Stadt. Viele Menschen arbeiten nun in dem nahe gelegenen Industriegebiet oder fahren mit der Bahn zur Arbeit in die nahe gelegene Großstadt.

1 Was hat sich in deinem Wohnort im Laufe der Zeit verändert? Recherchiere.

Warum gibt es so viele Ortsnamen mit „furt" am Ende?

Dorf

So kannst du weiterarbeiten

Schatzkarte

Bemale ein Blatt Papier mit kaltem schwarzen Tee. Lasse es trocknen. Denke dir dann den Start, das Ziel und die Zwischenstationen deiner Schatzsuche aus. Zeichne die Wege ein, indem du die einzelnen Punkte verbindest. Nun kannst du deine Schatzkarte nach deinem Geschmack gestalten.

Straßennamen entdecken

Viele Straßen erhielten ihre Namen nach Orten, zu denen sie führten, nach berühmten Personen, Berufen oder Gebäuden. Gehe durch die Straßen deines Wohnortes und schreibe auf, wie die Straßen in deiner näheren Umgebung heißen. Woher haben die Straßen ihre Namen? *Recherchiere*.

Ein Modelldorf bauen

Baut ein Modelldorf mit Landschaft, Wegen, Gebäuden und Straßen. Fotografiert dann euren Entwurf aus der Vogelperspektive. Fertigt mithilfe der Fotos eine Karte an.

Denke weiter

Funktioniert GPS immer und überall?

Welche verschiedenen Karten gibt es?

Was ist beim Geocaching ein Owner?

Lernen lernen

Ausstellung
→ Beispiel Seite 77, 86, 92

Ihr könnt Dinge ausstellen, die ihr gesammelt oder hergestellt habt.
So können andere sehen, was ihr Besonderes gemacht habt.

Für eine Ausstellung braucht ihr zum Beispiel einen Tisch, eine Fensterbank oder eine Pinnwand.

Beschriftet die Ausstellungsstücke. Stellt dafür zum Beispiel Karten auf mit: Name, Fundstelle, Nutzen des Gegenstandes.

Zu der Ausstellung könnt ihr einladen: mündlich, mit Plakaten oder mit Werbezetteln.

Steckbrief
→ Beispiel Seite 11, 116

In einem Steckbrief kannst du kurz die wichtigsten Informationen über einen Menschen, ein Tier oder eine Pflanze zusammenfassen.
Das können zum Beispiel sein:

bei Menschen	bei Tieren	bei Pflanzen
Name	Name	Name
Alter	Aussehen	Aufbau
Größe	Nahrung	Vorkommen
Haarfarbe	Lebensraum	Blütezeit
Eigenschaften	Besonderheiten	Besonderheiten
...	...	...

Steckbrief
Tier: Rind
Aussehen: schwarz, weiß, braun und gescheckt
zur Familie gehören: Kuh, Kalb, Bulle oder Stier
Nahrung: Gras, Klee, Kräuter und Getreide
Interessantes: Rinder sind Wiederkäuer.

So gehst du vor:

1. Überlege, was wichtig ist.
2. Suche die Informationen, die dir fehlen.
3. Male oder suche ein Bild.
4. Teile das Blatt gut ein.
5. Schreibe in kurzen Stichpunkten.

Experiment

→ Beispiel Seite 31, 33, 48, 49, 56, 65, 67, 68

Das lateinische Wort „experimentum" bedeutet Versuch, Beweis, Prüfung oder Probe.
Zu manchen Fragen kannst du eine Vermutung äußern und diese mit einem Experiment überprüfen. So experimentierst du richtig:

1. fragen
Welche Stoffe sind wasserdicht?

2. vermuten
Die Wolle wird nicht wasserdicht sein.

3. planen
Festlegen von
- Ort
- Material und Geräten
- Arbeitsschritten und
- Zeit

Wie gehe ich vor?
Wo mache ich das Experiment?
Was brauche ich?

4. durchführen
5. beobachten

ausführen → beobachten → notieren

6. auswerten
Welche Vermutung war richtig?
Ist das immer so?
Warum ist das so?
Wie kann ich das Ergebnis nutzen?

- Formuliert die Ergebnisse.
- Besprecht die Ergebnisse.
- Vergleicht mit der Vermutung.
- Macht Kontrollversuche.
- Wendet die Ergebnisse an.

Lernen lernen

Rollenspiel

→ Beispiel Seite 7, 17, 39, 106

In einem Rollenspiel könnt ihr Situationen nachspielen, um sie besser zu verstehen. Dabei könnt ihr euch in andere Menschen hineinversetzen und deren Standpunkt oder Meinung besser kennenlernen. Dadurch könnt ihr im besten Fall sogar Lösungen für Probleme oder Konflikte finden.

So gehst du vor:

1. Klärt, worum es geht: Welche Situation spielt ihr nach?
2. Verteilt die Rollen und klärt den Standpunkt der jeweiligen Person.
3. Spielt die Situation nach. Findet Lösungen und Verhaltensweisen für jede Person. Gibt es unterschiedliche Möglichkeiten?
4. Wertet das Rollenspiel aus. Wie hat sich jeder in seiner Rolle gefühlt?

Interview/Umfrage

→ Beispiel Seite 89, 91, 100

Ein Interview ist eine mündliche Befragung einer Person. Ziel des Interviews ist es, Informationen zu bekommen.

So gehst du vor:

1. Überlege, wer dir zu deiner Frage/deinem Thema etwas sagen kann.
2. Vereinbare mit dieser Person einen Termin.
3. Notiere alle Fragen, die du stellen möchtest.
4. Wenn du das Interview aufnehmen möchtest, frage die Person vorher um Erlaubnis.
5. Stelle deine Fragen sachlich und freundlich. Frage nach, wenn du etwas nicht verstehst.
6. Schreibe die Antworten in Stichpunkten auf.
7. Überlege dir, was du mit den Informationen machst.

Bei einer Umfrage werden viele Personen zum geichen Thema befragt. Meistens ist das Ziel, eine Mehrheit zu ermitteln.

Hobby	Wie viele Kinder ...
turnen	I
basteln	IIII

Recherche

→ Beispiel Seite 11, 34, 35, 43, 61, 78, 117

Recherche ist französisch und bedeutet „Suche". Wenn du zu einem Thema etwas erfahren willst, musst du recherchieren. Man kann Experten befragen oder in Büchern nachschlagen. Informationen sucht man auch im Internet mit sogenannten Suchmaschinen. Es gibt extra Suchmaschinen für Kinder, zum Beispiel *www.fragfinn.de* oder *www. blindekuh.de*.

So recherchierst du im Internet:

1. Öffne eine Kindersuchmaschine im Internet.
2. Überlege dir Suchbegriffe, die zu deiner Frage/deinem Thema passen. Gib sie in die Suchmaschine ein.
3. Lies die Kurztexte der Ergebnisse. Geben sie Antwort auf deine Fragen? Wenn ja, klicke den Beitrag an und lies weiter.
4. Prüfe immer, ob die Informationen wahr und richtig sind. Du kannst zum Beispiel noch auf anderen Internetseiten dazu nachlesen oder einen Experten befragen.

Tabelle

→ Beispiel Seite 23, 37, 45, 46, 62, 68, 77

Wenn du Informationen sammelst, kannst du sie in einer Tabelle übersichtlich darstellen. Eine Tabelle hat Spalten (↓) und Zeilen (→). Auf einem karierten Papier lässt sich eine Tabelle leicht zeichnen, da du dich an den Kästchenlinien orientieren kannst.

So gehst du vor:

1. Überlege, wie viele Zeilen und Spalten du brauchst.
2. Zeichne die Linien für Zeilen und Spalten mit dem Lineal auf das Kästchenpapier.
3. Achte auf genügend Abstand, sodass Platz für Überschriften bleibt.
4. Trage deine Informationen ein.

Du kannst eine Tabelle auch am Computer erstellen. Diese Tabelle kannst du leichter verändern.

Lernen lernen

Plakat

→ Beispiel Seite 13, 29, 50, 55, 99, 108

Mit einem Plakat kannst du andere darüber informieren, was du über ein Thema herausgefunden und gelernt hast. Ein Plakat kann dich bei einem Vortrag unterstützen.

So gehst du vor:

1. Formuliere eine passende Überschrift.
2. Sammle Informationen und Bildmaterial.
3. Nimm nicht zu viele Informationen auf das Plakat, sondern suche nur die wichtigsten aus.
4. Schreibe die kurzen Texte und Bildunterschriften auf Zettel. Achte auf eine gut lesbare, große Schrift.
5. Ordne die Texte und Abbildungen übersichtlich an und klebe sie dann erst auf.

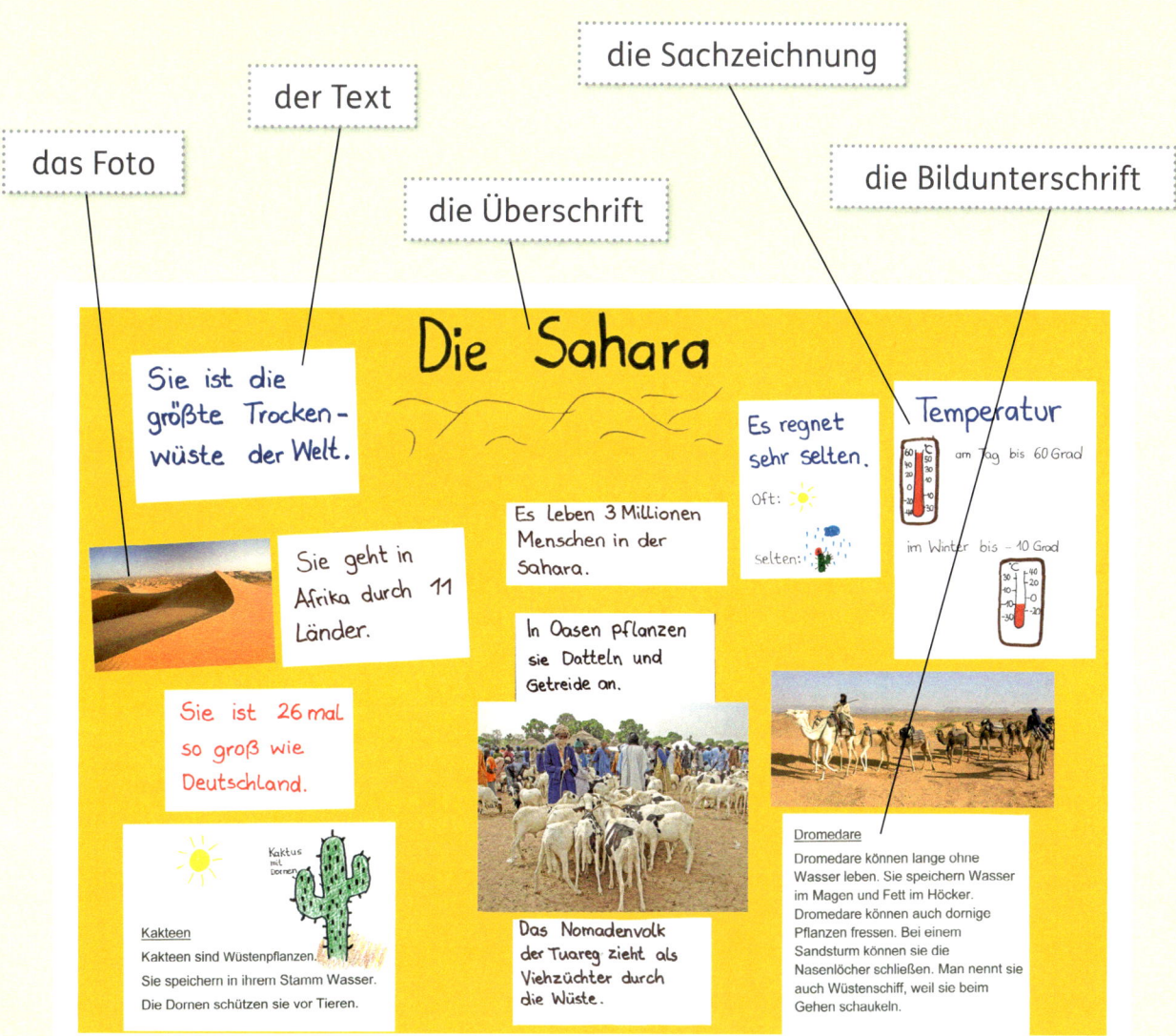

123

Mindmap

→ Beispiel Seite 59, 88, 100, 116

Das englische Wort „Mindmap" bedeutet übersetzt „Gedankenkarte".
Wenn du Ideen zu einem Thema sammeln möchtest oder den Zusammenhang der verschiedenen Inhalte eines Themas verstehen willst, dann kann eine Mindmap helfen.

So gehst du vor:

1. Schreibe das Thema in die Mitte deines Blattes. Kreise es ein.
2. Vom Thema kannst du verschiedene Äste abgehen lassen (siehe Bild). An jeden Ast schreibst du ein Stichwort, das zum Thema passt.
3. Von jedem Ast können weitere Äste abgehen, an die du alles schreibst, was dir zu den Begriffen einfällt.

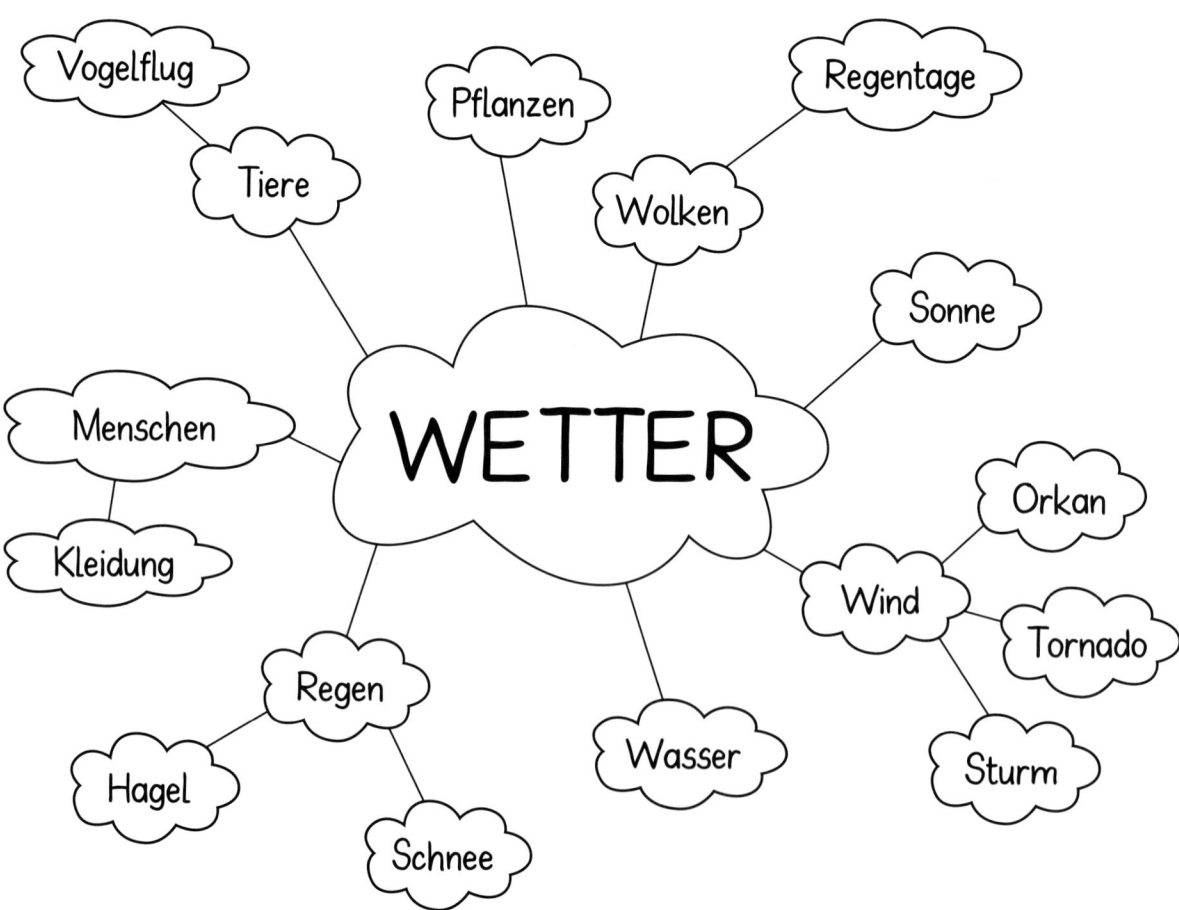

Lernen lernen

Diskussion
→ Beispiel Seite 9, 101

Manchmal haben Menschen verschiedene Meinungen. Dann können sie ihre Meinungen in einer Diskussion austauschen.
In einer Diskussion sprichst du mit anderen über eine Sache oder ein Problem und vertrittst dabei deine eigene Ansicht. Du überlegst dir dafür überzeugende Argumente. Im besten Fall wird ein Kompromiss oder eine Lösung für das Problem gefunden. Oft hilft die Fragestellung: „Was spricht für (pro) eine Sache und was dagegen (kontra)?"

Darauf sollst du bei einer Diskussion achten:

- Höre anderen genauso aufmerksam zu, wie du es von ihnen erwartest.
- Lasse den anderen ausreden.
- Sprich klar und deutlich.
- Überlege dir Argumente, die andere gut verstehen können.
- Denke über die Argumente der anderen nach.

Formulierungshilfen:

Ich meine …
Dazu möchte ich sagen …
Das möchte ich noch einmal geklärt haben …
Da bin ich ganz anderer Meinung …
Können wir uns nicht darauf einigen, dass …
Seid ihr damit einverstanden, dass …

Vortrag

→ Beispiel Seite 14, 29, 50

Wenn du einen Vortrag hältst, solltest du Folgendes beachten:

Vor dem Vortrag:

Vorüberlegungen:
- Wozu soll ich sprechen?
- Was wird die anderen interessieren?
- Wie viel Zeit habe ich?

Vorbereitung:
- Stelle Stichwörter zusammen und übe den Vortrag.
- Suche Bilder und Anschauungsmaterial.
- Schreibe eventuell eine schriftliche Zusammenfassung zum Austeilen.

Beim Vortrag:

- Schaue ab und zu auf deine Stichworte.
- Lies deinen Vortrag nicht ab.
- Schau die Zuhörer an.
- Sprich ruhig, laut und deutlich.
- Zeige an den passenden Stellen Bilder oder Gegenstände.

Nach dem Vortrag:

- Gib Zeit für Nachfragen.
- Teile eventuell eine Zusammenfassung oder ein Bild aus.
- Bitte um Rückmeldung (ein Feedback).

Lernen lernen

Feedback

→ Beispiel Seite 126

Das englische Wort „Feedback" bedeutet Rückmeldung oder Rückinformation. Wenn du wissen willst, ob und wie zum Beispiel ein Vortrag, eine Präsentation oder eine Sache bei anderen angekommen ist, bittest du um ein Feedback.

Wer ein Feedback gibt, sollte Folgendes beachten:

- Ich beschreibe sachlich und ohne Vorwürfe.
- Ich sage „ich" und nicht „du", also:
  - Ich habe gesehen …
  - Ich habe beobachtet …
  - Mir ist aufgefallen …
- Ich sage Positives zuerst.

Wer ein Feedback erhält, sollte Folgendes beachten:

- Ich höre aufmerksam zu.
- Ich stelle Fragen, wenn mir etwas unklar ist (Was meinst du genau? Habe ich dich richtig verstanden, dass …?).
- Ich rechtfertige oder verteidige mich nicht.
- Ich bedanke mich für das Feedback.

Quellennachweis

10.1 shutterstock (charnsitr), New York, NY; **10.2** shutterstock (T. Lesia), New York, NY; **10.3** shutterstock (Gil C), New York, NY; **11.1** shutterstock (WTHOMEPHOTO), New York, NY; **11.2** shutterstock (roihun matpor), New York, NY; **11.3** shutterstock (petch one), New York, NY; **12.1** shutterstock (T. Lesia), New York, NY; **12.2** Adobe Stock (ADESIGN), Dublin; **12.3** Fotolia.com (Globe Turner), New York; **12.4** Adobe Stock (Claudio Divizia), Dublin; **12.5** shutterstock (Artgraphixel), New York, NY; **12.6** Fotolia.com (12ee12), New York; **13.1** (c) UNICEF, Köln; **14.1** shutterstock (Monkey Business Images), New York, NY; **14.2** shutterstock (Monkey Business Images), New York, NY; **14.3** MEV Verlag GmbH, Augsburg; **14.4** iStockphoto (SolStock), Calgary, Alberta; **14.5** Adobe Stock (Tyler Olson), Dublin; **14.6** shutterstock (Dmitry Kalinovsky), New York, NY; **14.7** shutterstock (Tyler Olson), New York, NY; **14.8** iStockphoto (FatCamera), Calgary, Alberta; **14.9** Getty Images Plus (LSOphoto), München; **15.1** Thinkstock (moodboard), München; **15.2** shutterstock (Dmitry Kalinovsky), New York, NY; **15.3** Adobe Stock (Kzenon), Dublin; **16.1** iStockphoto (elkor), Calgary, Alberta; **16.2** shutterstock (Microgen), New York, NY; **16.3** MEV Verlag GmbH, Augsburg; **16.4** iStockphoto (Lammeyer), Calgary, Alberta; **16.5** ddp images GmbH (Nigel Treblin), Hamburg; **16.6** iStockphoto (FredFroese), Calgary, Alberta; **18.1** iStockphoto (oneinchpunch), Calgary, Alberta; **18.2** Getty Images (Stone), München; **18.3** Thinkstock (CandyBoxImages), München; **18.4** Imago (HRSchulz), Berlin; **19.3** iStockphoto (Claudiad), Calgary, Alberta; **19.6** Imago (Klaus Martin Höfer), Berlin; **24.1** Klett-Archiv (Marietta Kurth); **24.2** Klett-Archiv (Till Traub), Stuttgart; **24.3** Screenshot www.fragfinn.de; **24.4** Klett-Archiv (Marietta Kurth); **24.5** © Mozilla Firefox; **24.6** © Mozilla Firefox; **25.1** Screenshot www.fragfinn.de; **25.2** Screenshot www.fragfinn.de; **25.3** Screenshot www.fragfinn.de; **25.4** Screenshot www.fragfinn.de; **31.1** Interfoto (Nigel Cattlin), München; **31.2** Fotolia.com (viktor2013), New York; **31.3** Klett-Archiv (Frenzel, F., Leipzig), Stuttgart; **32.1** iStockphoto (heckepics), Calgary, Alberta; **32.2** shutterstock (Daniel Alvarez), New York, NY; **32.3** Fotolia.com (shishiga), New York; **33.1** Okapia (imageBROKER/Ottfried Schreiter), Frankfurt; **34.1** Thinkstock (FabioMaffei), München; **34.2** Fotolia.com (ExQuisine), New York; **34.3** Getty Images (Buddy Mays), München; **34.4** Getty Images (The Image Bank), München; **35.1** Fotolia.com (Martina Berg), New York; **35.2** Thinkstock (iStockphoto), München; **35.3** Thinkstock (iStockphoto), München; **35.4** Thinkstock (iStockphoto), München; **35.5** Thinkstock (iStockphoto), München; **35.6** Thinkstock (iStockphoto), München; **37.1** Fotolia.com (fotogal), New York; **37.2** Fotolia.com (larcobasso), New York; **37.3** Fotolia.com (Barbro Bergfeldt), New York; **37.4** Thinkstock (iStockphoto), München; **37.5** Fotolia.com (Mariusz Blach), New York; **37.6** creativ collection Verlag GmbH (Ingram Publishing), Freiburg; **37.8** shutterstock (Olga Popova), New York, NY; **37.9** Fotolia.com (Dionisvera), New York; **37.10** iStockphoto (juliedeshaies), Calgary, Alberta; **37.11** Fotolia.com (manolito), New York; **37.12** Fotolia.com (NataliTerr), New York; **39.1** BPK (Deutsches Historisches Museum/Arne Psille), Berlin; **43.1** Klett-Archiv (F. Frenzel), Stuttgart; **43.2** shutterstock (Artsiom Kuchynski), New York, NY; **43.3** Adobe Stock (George Dolgikh), Dublin; **44.1** Franziska Frenzel, Leipzig; **45.1** Klett-Archiv (Günther Fotodesign, Leipzig), Stuttgart; **47.2** Franziska Frenzel, Leipzig; **48.1** Klett-Archiv (Sunke, S., Hennef), Stuttgart; **55.1** Adobe Stock (pingpao), Dublin; **55.2** Adobe Stock (Patrick Foto), Dublin; **55.3** shutterstock (Anton_Ivanov), New York, NY; **55.4** Adobe Stock (sabine hürdler), Dublin; **56.1** Franziska Frenzel, Leipzig; **56.2** Franziska Frenzel, Leipzig; **56.3** Franziska Frenzel, Leipzig; **57.1** Adobe Stock (spass), Dublin; **57.2** dreamstime.com (Canbalci), Brentwood, TN; **57.3** Thinkstock (Comstock Images), München; **57.4** iStockphoto (RF/Bogaerts), Calgary, Alberta; **57.5** shutterstock (AdamEdwards), New York, NY; **57.6** creativ collection Verlag GmbH, Freiburg; **60.1** shutterstock (prapann), New York, NY; **60.2** Fotolia.com (Thorsten Schier), New York; **60.3** Adobe Stock (M. Schuppich), Dublin; **60.4** Adobe Stock (glitzyglitzy), Dublin; **60.5** Adobe Stock (Reinhard Marscha), Dublin; **61.1** Getty Images (Design Pics), München; **61.2** Getty Images (Science Source), München; **62.1** Schülerarbeit; **63.1** iStockphoto (bendis), Calgary, Alberta; **63.2** iStockphoto (3DSculptor), Calgary, Alberta; **63.3** iStockphoto (RFStock), Calgary, Alberta; **63.4** WetterKontor.de; **65.1** Franziska Frenzel, Leipzig; **68.1** Franziska Frenzel, Leipzig; **68.2** Franziska Frenzel, Leipzig; **72.1** Alamy stock photo (FL Historical collection A), Abingdon, Oxon; **72.2** Alamy stock photo (Archive Pics), Abingdon, Oxon; **72.3** gemeinfrei; **73.1** Hermann Krekeler, Hanstedt; **73.2** Hermann Krekeler, Hanstedt; **73.3** Hermann Krekeler, Hanstedt; **73.4** Hermann Krekeler, Hanstedt; **73.5** Hermann Krekeler, Hanstedt; **73.6** Hermann Krekeler, Hanstedt; **74.1** Fotolia.com (Celeste-RF), New York; **74.2** shutterstock (Josep Curto), New York, NY; **75.1** Picture-Alliance (ASSOCIATED PRESS), Frankfurt; **75.2** gemeinfrei; **75.3** shutterstock (BlueOrange Studio), New York, NY; **77.1** Adobe Stock (Sergey Nivens), Dublin; **77.2** shutterstock (Syda Productions), New York, NY; **77.3** shutterstock (Veja), New York, NY; **77.4** Adobe Stock (MNStudio), Dublin; **77.7** shutterstock (LightField Studios), New York, NY; **77.8** iStockphoto (AVAVA), Calgary, Alberta; **80.1** Picture-Alliance (ZB/euroluftbild), Frankfurt; **80.2** GOODSHOOT (Goodshoot), Annecy-Le-Vieux; **80.3** iStockphoto (FredFroese), Calgary, Alberta; **80.4** shutterstock (Santi Nanta), New York, NY; **80.5** iStockphoto (KvdB50), Calgary, Alberta; **80.6** Adobe Stock (Ilhan Balta), Dublin; **81.1** Thinkstock (Jupiterimages), München; **81.2** Fotosearch Stock Photography (Brand X Pictures), Waukesha, WI; **81.3** shutterstock (ChameleonsEye), New York, NY; **81.4** shutterstock (M DOGAN), New York, NY; **81.5** iStockphoto (bluesilent), Calgary, Alberta; **81.6** Fotolia.com (Aleksandr Palmero), New York; **82.1** Adobe Stock (Sergey Novikov), Dublin; **82.3** Adobe Stock (paula), Dublin; **82.3** Hermann Krekeler, Hanstedt; **82.4** Hermann Krekeler, Hanstedt; **82.5** Hermann Krekeler, Hanstedt; **82.6** Hermann Krekeler, Hanstedt; **82.7** Hermann Krekeler, Hanstedt; **83.1** Picture-Alliance (Jens Wolf/lah/ZB), Frankfurt; **83.2** dreamstime.com (Hans Klamm), Brentwood, TN; **83.3** Hermann Krekeler, Hanstedt; **83.4** Hermann Krekeler, Hanstedt; **83.5** Hermann Krekeler, Hanstedt; **83.6** Hermann Krekeler, Hanstedt; **83.7** Hermann Krekeler, Hanstedt; **84.1** shutterstock (Serg64), New York, NY; **84.2** shutterstock (Deatonphotos), New York, NY; **84.3** Adobe Stock (Thomas Kranenberg), Dublin; **84.4** iStockphoto (Jia He), Calgary, Alberta; **84.5** Hermann Krekeler, Hanstedt; **84.6** Hermann Krekeler, Hanstedt; **84.7** Hermann Krekeler, Hanstedt; **84.8** Hermann Krekeler, Hanstedt; **84.9** Hermann Krekeler, Hanstedt; **85.1** Imago (imagebroker), Berlin; **85.3** Thinkstock (RudyBalasko), München; **85.4** Hermann Krekeler, Hanstedt; **85.4** iStockphoto (Ihor_Tailwind), Calgary, Alberta; **98.1** Thinkstock (microgen), München; **98.2** BPK (Scala - courtesy of the Ministero Beni e Att. Culturali), Berlin; **98.3** iStockphoto (JurgaR), Calgary, Alberta; **98.4** Landespolizeidirektion Tirol (Anton Koler, Sölden), Innsbruck; **99.1** Fotolia.com (Harald Lange), New York; **99.2** Adobe Stock (Takashi Images), Dublin; **99.4** Klett-Archiv (Gerit Sander), Stuttgart; **99.5** Thinkstock (Jevtic), München; **99.6** ddp images GmbH (Heinz Tschanz-Hofmann), Hamburg; **99.7** DVD-Cover "25 Jahre Mauerfall", Regisseur Frederick Forell, EuroVideo Medien GmbH/Best Entertainment AG, Heusenstamm; **100.1** Interfoto (Sammlung Rauch), München; **100.4** Imago, Berlin; **104.1** Klett-Archiv (Foto-Geuther, Rötha), Stuttgart; **104.2** Klett-Archiv (Schüürmann, A. Linich), Stuttgart; **104.3** Klett-Archiv (Schüürmann, A. Linich), Stuttgart; **104.4** Klett-Archiv (Foto-Geuther, Rötha), Stuttgart; **105.1** URW, Hamburg; **105.2** URW, Hamburg; **105.2** URW, Hamburg; **105.3** URW, Hamburg; **105.3** URW, Hamburg; **105.4** URW, Hamburg; **105.5** URW, Hamburg; **105.6** URW, Hamburg; **105.7** Klett-Archiv; **105.8** URW, Hamburg; **105.8** URW, Hamburg; **105.9** URW, Hamburg; **105.10** URW, Hamburg; **105.11** URW, Hamburg; **105.12** URW (O.M.), Hamburg; **107.1** URW, Hamburg; **107.2** URW, Hamburg; **107.3** Fotolia.com (WoGi), New York; **107.4** URW, Hamburg; **107.5** URW, Hamburg; **107.6** URW, Hamburg; **107.7** URW, Hamburg; **107.8** URW, Hamburg; **110.2** Bilder (c) 2017 Google, GeoBasis-DE/BKG, Kartendaten © 2017 GeoBasis-DE/BKG (© 2009), Google; **110.2** Bilder (c) 2017 Google, GeoBasis-DE/BKG, Kartendaten © 2017 GeoBasis-DE/BKG (© 2009), Google; **111.1** mr-Kartographie, Gotha; **112.1** shutterstock (Mega Pixel), New York, NY; **113.1** Fotolia.com (Ruediger Rau), New York; **114.1** Adobe Stock (Scanrail), Dublin; **114.2** Thinkstock (3DSculptor), München; **116.1** Adobe Stock (Andrzej Estko), Dublin; **121.1** Klett-Archiv (Frenzel, F., Leipzig), Stuttgart; **121.2** Klett-Archiv-RM-HF (Grit Kleindienst, Leipzig), Stuttgart; **127.2** Klett-Archiv (Frenzel, F., Leipzig), Stuttgart

Sollte es in einem Einzelfall nicht gelungen sein, den korrekten Rechteinhaber ausfindig zu machen, so werden berechtigte Ansprüche selbstverständlich im Rahmen der üblichen Regelungen abgegolten.